Thomas Wöhl

Mut-Gedanken für jeden Tag, 4-2024

Mut-Gedanken für jeden Tag 4-2024

Telefonandachten aus dem Jahr 2022

Thomas Wöhl

Bibliografische Information der Deutschen Nationalbibliothek:
Die Deutsche Nationalbibliothek verzeichnet diese Publikation
in der Deutschen Nationalbibliografie; detaillierte bibliografische Daten sind im Internet über http://dnb.dnb.de abrufbar.

Verlag: BoD · Books on Demand GmbH, In de Tarpen 42,
22848 Norderstedt
Druck: Libri Plureos GmbH, Friedensallee 273, 22763 Hamburg
ISBN: 978-3-7693-0805-1

Inhaltsverzeichnis

II

Ein bunter Strauß unterschiedlicher Themen und Stimmungen ist hier zu entdecken. Im Sommer geht es auf eine Insel, wir fühlen uns unbeschwert und frei, in weiteren Beiträgen erfahren wir etwas über Engel und Träume, Ewigkeit und Weihnachten ... Es bleibt ein Spiel von Licht und Schatten, wie immer im Leben.

Insgesamt geht es darum, Mut zu machen. Biblisch kennen wir: *„Fürchte dich nicht"*. Der Gedanke, dass diese Aussage 365-mal in der Bibel steht, für jeden Tag des Jahres einmal, gefällt mir, auch wenn ich es nicht überprüft habe. Der „Philosoph" Janosch, ein Kinderbuchautor, sagt: „Mut müsst ihr haben, ganz viel Mut." („Hasenkinder sind nicht dumm"). Das macht das Leben leichter.

Bei den kurzen Andachten gehe ich von einem Bibelwort oder einem Thema aus und schlage eine Brücke in unsere Zeit. Ursprünglich waren die Andachten als Telefonandachten eingesetzt.

„Ein gutes Wort am Telefon" gibt es nicht mehr. In Zeiten von Corona bedingten Einschränkungen wurde diese Aktion im Kirchenkreis Kirchhain (Evangelische Landeskirche von Kurhessen-Waldeck) ins Leben gerufen. Jeden Tag konnten Menschen rund um die Uhr anrufen und bekamen dann „ein gutes Wort am Telefon".

Ich heiße Thomas Wöhl und bin Prädikant, das heißt, ich darf ehrenamtlich alle Aufgaben übernehmen, die sonst ein Pfarrer oder eine Pfarrerin wahrnimmt. An der Aktion „Ein gutes Wort für jeden Tag" hatte ich mich beteiligt. Mir gefiel es, über das Medium Telefon noch mehr Menschen und ganz anders erreichen zu können.

Meine Beiträge habe ich gesammelt, so gibt es die Möglichkeit, hier die Gedanken und Andachten nachzulesen. – Die einzelnen Beiträge sind in sich abgeschlossen, so dass nach Belieben „gestöbert" werden kann.

Mit den Mut-Gedanken für jeden Tag, Band 1, Band 2 und Band 3 liegen erste Teile vor. Der 4. Band ergänzt die Andachten. Hier ist die Kirchenjahreszeit vom Sommer bis zu Epiphanias in den Blick genommen.

Einige Anregungen habe ich aus den Predigtmeditationen im christlich-jüdischen Kontext, andere sind durch Gespräche oder Lektüre zu mir gekommen und fließen mit ein, ganz im Sinne von Fulbert Steffensky „Geschichten gehören nicht denen, die sie schreiben, noch denen sie erzählen, … Geschichten gehören denen, die sie brauchen können." Wenn ich ein Gebet von anderen direkt übernommen oder mich habe bewusst inspirieren lassen, ist es entsprechend in einem Verweis angegeben.

Das Thema der Andacht, eine entsprechende Bibelstelle und das Datum, wann die Andacht zu hören war, ist jeweils angegeben. Wenn ich auf Bilder oder manche Lieder verweise, ist jeweils ein QR-Code integriert, der hör- oder sichtbar macht.

Viel Freude beim Entdecken.

Thomas Wöhl

1. GNADE, DER STUMPFEN ZÄHNE ZUM TROTZ

2. Juli 2022 – Hesekiel 18 (Ezechiel)

> Die Erde gehört uns allen
> So wie der Sand, den man am Grabe
> freundlich uns nachwirft, allen gehört
> Aber im Leben gehören
> die Armen den Reichen
> Die Dummen den Klugen
> Die Geschlagenen den Verschlagenen
> Die Gläubigen der Kirche
> Die Schwarzen den Weißen
> Die Naiven den Raffinierten
> Die Schweigenden den Schwätzern
> Die Friedfertigen den Streitsüchtigen. ...
>
> (Hanns Dieter Hüsch, Den möcht ich sehn...)

... und die Kinder den Sünden ihrer Eltern, könnten wir den Sätzen von Hanns Dieter Hüsch hinzufügen. *„Denn die Väter haben saure Trauben gegessen und den Kindern sind die Zähne davon stumpf geworden."* – So war's schon zu Hesekiels Zeiten.

Solche Weisheiten liegen auf der Hand, wenn wir hinter die Kulissen sehen ... Manchmal kommen sie ganz unverschämt und unverhüllt daher: Die Reichen, Klugen und Verschlagenen, die Raffinierten, Schwätzer und Streitsüchtigen ... ob jemals Kinder und Enkelkinder ihrer Väter und Großväter einmal mit Nachsicht gedenken? –

Aber: wer im Glashaus sitzt ... denn: Der alte Adam lebt, und die alte Eva auch.

Beide sind in uns, auch wenn sie längst gestorben sind ... ob wir das wollen, oder nicht: Wir stehen auf den Schultern derer, die vor uns waren ... Wir tragen ein Vermächtnis, das uns manchmal hilft und manchmal hindert ... Wir sind Erben materieller Güter ... und von Gedanken und Einstellungen ... Wir tragen unsere Mütter und Väter in uns, mit uns, ... und unsere Großmütter und Großväter auch, und unsere Ureltern ... zurück bis in Zeiten, die wir uns kaum vorstellen können.

Das ist oft anstrengend ... Aber auch der Grund dafür, dass wir Menschen uns überhaupt verstehen ... wissen, wer und wie wir sind und waren, ... und sogar Worte, die vor Jahrtausenden aufgeschrieben worden sind, noch immer lesen ... solche Worte aus der Bibel gehen uns an und treffen, auch weil sie schon für Adam und Eva galten ... Sie wurden im Volk Israel gehört, bedacht und gelebt ... und dann, vermittelt durch Propheten und Apostel, bis zu uns getragen.

Wir prüfen das Bild und seinen Inhalt: Es ist wahr, ... auch unsere Erfahrung, - auch hier, in dem Land, in dem wir leben ... und manchmal leiden: *„Die Väter haben saure Trauben gegessen, aber den Kindern sind die Zähne davon stumpf geworden."* (Hesekiel 18,2)

Die Eltern essen saure Trauben, den Kindern werden die Zähne stumpf...

Die Alten schwadronieren vom großen Krieg, der alles läutern soll, ... wollen einen „Platz an der Sonne" und spielen mit Kanonenbooten, ... glauben an Nation und Volk und Vaterland, ... streben nach den Lorbeerblättern auf dem „Feld der Ehre" ... und säen so über Jahre, Jahrzehnte diese Saat, diese Gedanken ein in die Köpfe und Herzen der jungen Männer, die vor über einhundert Jahren begeistert die Fahnen schwenken und fröhlich in den Krieg ziehen: Weihnachten wieder zu Hause als „Helden"! – Kann jemand ihre Gräber zählen, kann jemand wiedergutmachen? –

Saure Trauben, stumpfe Zähne: ein düsterer Zusammenhang der Schuldverstrickung von einer Generation über die nächste gebracht, ... selbst schon geerbt von den vorigen, ... weitergetragen in die übernächste. – Die wird sich dann aus ähnlichen Motiven, aus ähnlicher Dummheit, in einen nächsten Krieg stürzen, die Scheitel geraderückt und HJ-Lieder singend ... Die Wunden heilen langsam; ... das Saure dieser Todestrauben zieht noch uns den Mund zusammen ... auch wenn Vergangenes lang vergangen ist, lebt es noch...

Die Eltern essen saure Trauben, den Kindern werden die Zähne stumpf...

Warum soll das Kind können, was ich selbst nicht kann? – Warum soll ich den Wecker stellen, den Tag beginnen, der Lehrerin antworten, zum Elternsprechtag gehen, einen Blick auf Hausaufgaben und auf Zeugnisse werfen(?), so fragen manche und ergänzen: Haben meine „Alten" auch nicht getan ... Und man lebt doch irgendwie auch, „ohne": ... ohne Abschluss, ... ohne Beruf, ... ohne Tagesstruktur. – Der Fernseher läuft und das Elend der anderen, noch Schlimmeren flackert zur Beruhigung ... Das Bier, der Zigarettennebel ... Das Kind ist ruhig, dem fehlt doch nichts: Großbildfernsehen, dreihundert Programme, Playstation, Smartphone...

Und das arme Menschenkind schiebt sich die Trinkflasche mit dem bunten Fruchtsaftzuckergetränk in den Mund bis die Zähne verfaulen ... - Saure Trauben über Familienzusammenhänge gelegt von Generation zu Generation, ... der alltägliche Alptraum der Sozialarbeiter ... Kein Rauskommen, nur stumpfe Wiederholung des immer Gleichen ... Wie schwer ist Neuanfang, wenn die Vergangenheit noch klebt. –

Hesekiel fordert: *„Macht Euch ein neues Herz und einen neuen Geist, sagt Gott, bekehrt Euch, so werdet ihr leben!"* –

Ich will dieses glasklare Wort nicht brechen, ... es behaftet uns beim eigenen Tun und Lassen, ... es traut uns viel zu ... es ist in die traubensauren Zusammenhänge hinein gesagt, in denen uns die Zähne stumpf sind und wo wir es nötig haben, damit wir frei werden: *„Macht Euch ein neues Herz und einen neuen Geist"* ... in die Zukunft schauen und nicht in der Vergangenheit kleben. – Über den fernen Propheten Hesekiel ist uns das gesagt, dessen Namen wir kaum aussprechen können und auf dessen Schultern wir doch genauso stehen, wie auf den Schultern des Apostel Paulus, der das alles so nicht sagen würde ... Hesekiels Worte gehen uns an und treffen uns, gerade weil der alte Adam in uns lebt, und die alte Eva auch: *„Macht Euch ein neues Herz und einen neuen Geist, bekehrt Euch, so werdet ihr leben!"* – Das Vergangene wirkt noch, aber wir dürfen leben.

Und wie sieht das aus? – Hanns Dieter Hüsch sagt und fragt: „Die Erde könnte uns allen gehören, wenn dein Haus auch mein Haus, mein Geld auch dein Geld, dein Recht auch mein Recht, mein Los auch dein Los, dein Kleid auch mein Kleid, mein Glück auch dein Glück, dein Leid auch mein Leid wäre. Teile und herrsche nicht, aber wer kann das schon?"[1]

Gott kann es ... davon dürfen wir jeden Tag leben ... Gott legt uns nicht fest auf unsere Schuld und die Schuld unserer Väter, auf unsere Vergangenheit und die Vergangenheit unserer Väter ... Von seiner Gnade leben wir und was wir haben, kommt von ihm ... wir danken und preisen Gott vor allem dadurch, dass wir auch einander und unseren Kindern Güte, Liebe und Hilfe nicht schuldig bleiben. – Amen.

---

[1] Hüsch, Hanns Dieter, Das Schwere leicht gesagt, 1994

2. IN DEN SAND GESCHRIEBEN

10. Juli 2022 – Johannes 8, 1-11

Was Jesus wohl in den Sand geschrieben hat? … wenige Worte, knappe Sätze genügen dem Evangelisten Johannes im 8. Kapitel, um eine ungeheure Dramatik aufzubauen … Wir sehen das Szenario … spüren die Spannung, die an jenem Morgen in der Luft liegt in Jerusalem, oben auf dem Tempelberg: In der Mitte die Frau, die sie hinaufgehetzt haben, … zitternd und voller Angst, nur notdürftig bekleidet und den sicheren Tod vor Augen … Da die Gruppe ihrer Ankläger, aufgebracht in heiligem Zorn, die Steine schon in der Hand, die gleich mit der Wut des in seiner Ehre Gekränkten ihren Weg finden sollen … Dort die Menge derer, die gekommen waren, um Jesus zu hören, und nun unvermittelt zu Zeuginnen und Zeugen einer Hinrichtung werden sollen: neugierig, erschrocken … – Wo stehen die Jüngerinnen und Jünger? – Überlegen sie, wie sie Jesus in Sicherheit bringen können, damit ihn nicht das gleiche Schicksal ereilt wie der Frau? … Seine Antwort kann in den Augen der Ankläger nur „falsch" sein, … ganz egal, in welche Richtung sie geht … und wenn man schon einmal dabei ist, mit Hilfe von Steinen „Recht" zu schaffen…

„*Meister, diese Frau ist auf frischer Tat beim Ehebruch ergriffen worden. Mose aber hat uns im Gesetz geboten, solche Frauen zu steinigen.*" (Lev. 20,10) Die Ältesten und Schriftgelehrten nicken … obwohl die Bibel nicht vollständig zitiert wird, im 3. Buch Mose heißt es: „*Ehebrecherin und Ehebrecher, beide sollen sterben*", nicht nur die Frau … aber sie hatten ja nur die Frau; der Mann war verschwunden.

„Was sagst du, Jesus?" – Alle schauen gespannt auf ihn ... bestätigt Jesus die alte Ordnung oder findet er einen anderen, menschlicheren Ausweg? –

Sie haben ihn in eine Zwickmühle gebracht ... sagt er: „Nein, ihr sollt sie nicht steinigen!", dann widerspricht er Gottes Gebot. Dann gehört er nicht mehr dazu, dann muss er aus der Gemeinde ausgeschlossen werden ... sagt er: „Ja, steinigt sie!", dann glaubt ihm doch keiner mehr, was er die ganze Zeit gelehrt hat und was die Menschen so fasziniert: - Liebe ist stärker als Gewalt, - Barmherzigkeit überwindet die Vergeltung, - Gerechtigkeit ist mehr als Abrechnung, - das Leben ist stärker als der Tod ... Was ist das für eine Welt, in der eine Frau gesteinigt wird, weil sie einen anderen Mann liebt?

Sie führen Jesus in ein Dilemma: Ja oder Nein, schwarz oder weiß, gut oder böse ... So sind die Konflikte, die die Politik bis heute bewegen. Du musst dich entscheiden: - Es scheint keine Alternative zu geben, kein Dazwischen, keine Zeit zu überlegen.

Jesus jedenfalls hält erst einmal inne ... Er antwortet nicht. Er nimmt sich Zeit, bückt sich ... und schreibt mit dem Finger auf die Erde ... Er unterbricht den Streit ... Was malt er da wohl mit dem Finger in den Staub?

Johannes beschreibt präzise ... Er bückt sich – er schreibt – er richtet sich auf und antwortet – er bückt sich wieder und schreibt weiter ... ganz ruhig ... So, als ob ihn das alles gar nichts anginge ... fast ein wenig gelangweilt, so wie ich manchmal nebenher mein Blatt bemale in einer zähen Sitzung oder beim Telefonieren...

Ich wüsste gern, was er geschrieben hat ... aber niemand hat es überliefert ... Der Sand hat es nicht bewahrt ... vielleicht hat Jesus ja selbst am Ende einfach mit dem Fuß alle Spuren verwischt...

Was in den Sand geschrieben wird, ist flüchtig ... Nicht für die Ewigkeit ... Die Gebote des Mose, auf deren Einhaltung die Ankläger der Frau pochen, die waren in Stein gemeißelt ... da ist auf immer eingraviert: *„Du sollst nicht ehebrechen!"* –

Seltsam, dass die Frau allein da steht ... Wo ist der Mann, der bei ihr lag? – Ihm droht keine Gefahr ... Das war so in jener alten Welt, und das ist leider nicht viel anders geworden bis heute...

Den Anklägern der Frau fällt das nicht auf ... Heiliger Zorn treibt sie an ... Innerlich sind sie auf jede Antwort vorbereitet, die Jesus ihnen geben könnte ... Sagt er: „Tötet sie!", werden sie ihn lächerlich machen und als Blender dastehen lassen; vielleicht ganz heuchlerisch den Spieß umdrehen und ihn „gnadenlos" nennen, die Frau aber wohl trotzdem nicht laufen lassen ... Will er sie an der Urteilsvollstreckung hindern, ist er ein Gesetzesbrecher und selbst des Todes schuldig, weil er Gott lästert ... Dann werden die Steine für zwei reichen...

Womöglich hat es sie provoziert, dass Jesus sich gar nicht mit ihnen beschäftigen will ... Was schreibt er da nur so Wichtiges? Sie können es nicht lesen ... mit ihrer Penetranz gelingt es ihnen, ihn zu unterbrechen.

Er gibt ihnen eine Antwort, mit der sie nicht gerechnet haben ... Er hinterfragt sie in ihrem frommen Selbstbewusstsein ... Er erschüttert ihren heiligen Zorn ... Er beschämt sie, ohne sie bloßzustellen: *„Wer unter euch ohne Sünde ist, der werfe den ersten Stein."* – Entscheidet selbst. Wie sicher seid ihr euch? Wie gerecht fühlt ihr euch? Was habt ihr vorzuweisen, ihr Männer, was macht euch zu Herren über das Leben und den Tod dieser Frau? – Ihr kennt die Gebote ... Sie sind (noch vor den Frauen) zuerst den Männern des Volkes Israel gegeben worden: *„Du sollst nicht ehebrechen." „Du sollst nicht begehren..."*

„Du sollst nicht töten.“ – In Stein gemeißelt habt ihr sie bekommen, nicht in Sand geschrieben ... prüft euch selbst und handelt danach.

Jesus bückt sich wieder, um Spuren in den Sand zu ziehen ... Was er selbst denkt und tut, wird er später der Frau sagen: *„Auch ich verurteile dich nicht, geh hin und sündige hinfort nicht mehr.“* – Der Menschensohn spricht frei ... Er verdammt nicht...

In den Sand geschrieben? – Hoffentlich nicht ...

Vielleicht tut es uns gut, selbst öfter mal etwas in den Sand zu schreiben ... Vor allem, wenn andere versuchen, uns auf die Seite einer tödlichen Gerechtigkeit zu ziehen ... auch durch Gerüchte und üble Nachrede. – So etwas kann „töten“ ... Worte können, wie Steine, auf Menschen treffen...

„Verurteile niemanden, nur weil er anders sündigt als du!“[2] – Ja, so etwas könnte er geschrieben haben ... Er - Christus - verurteilt uns nicht ... Wer sich daran erinnert, kann danach handeln. – Amen.

---

[2] Verfasser unbekannt

3. AUF DEIN WORT HIN

17. Juli 2022 – Lukas 5, 1-11

Die ganze Nacht waren sie auf dem Boot ... haben die Netze ausgeworfen und wieder eingeholt ... Simon und all die anderen ... Das ist ihre Arbeit ... wie gut, dass sie Arbeit haben ... Sie waren fleißig, ... haben getan, was von ihnen erwartet wird. –

Kennst du, kennen Sie diesen Moment in der Nacht, in dem es wirklich - wirklich schwer ist, noch auf den Beinen zu bleiben? - Der Boden weg ... Wasser und Wind werden kalt ... Das Wasser ist schwarz ... plötzlich ist das Boot, das eigene Handwerkszeug, so zerbrechlich ... Die Bilder harter Arbeit überlagern sich mit den Bildern eines übermächtigen Meeres, die ich aus dem Fernsehen kenne ... Das Wasser ist schwarz ... Ertrinken ist still ... Die Wellen sind mächtig ... Die Tiefe nicht auslotbar. – Tiefer und noch tiefer, immer weiter ... wie ohne Ende. – Ich spüre etwas von der nasskalten Kleidung dieser Leute und den müden Knochen ... von Händen, die vor Erschöpfung zittern, ... von Augenlidern, die einfach zufallen, wenn die Welt ankündigt, zu erwachen.

Im Evangelium nach Lukas im 5. Kapitel können wir lesen: *„Fahrt noch einmal heraus auf den See und werft eure Netze aus"*, ... gegen die Erfahrung, gegen den Augenschein, gegen die Vernunft, ... aber voller Hoffnung.

Von Hoffnung getragen sind wahrscheinlich auch Menschen, die sich in verzweifelter Situation immer wieder einsetzen, - für den Frieden, - für Menschen, die nicht mehr wissen, wie sie im Winter ihre Wohnung warmhalten können, - die angesichts steigender Preise nicht mehr wissen, wie sie genug zum Essen auf den Tisch bekommen können.

Die Lage ist zum Verzweifeln: in der Ukraine sind immer mehr Waffen, ... mehr Gewalt, die Menschen zur Flucht treibt ... In vielen Ländern fehlt Nahrung, ... Menschen verhungern, die Flucht übers Meer ist gefährlich und die Lager für Flüchtlinge sind viel zu klein, für die zahlreichen Menschen, die ihr Leben retten wollen. – Wir verbrennen immer weiter fossile Brennstoffe, treiben die Erwärmung des Klimas voran ... und der paradiesische Staat Palau versinkt im Meer.

Wie sollen wir da nicht die Geduld oder Hoffnung verlieren? –

Demagogen verführen, überreden Menschen. Sie können blenden, - vortäuschen, was sie nicht sind. - Am Ende fragt dann keiner wirklich nach Fakten ... Wir wissen, wie Propagandamaschinen funktionieren, wie sie Menschen manipulieren und beeinflussen, statt zu informieren und zu eigenständigem Nachdenken und Entscheiden zu befähigen...

Die Jünger vertrauen: *„Auf dein Wort hin."* – Sie fahren also raus ... Auf das schwarze Wasser ... dahin, wo das Boot zerbrechlich wird. –

Mein schwarzes Wasser heute ist die allverbundene, belebte Welt. Die sich nicht nach meinen Wünschen richtet: kleine Viren, die wir noch nicht einmal sehen können, bringen unser Leben ebenso durcheinander, wie Großmachts-Fantasien und die seltsame Idee, mit Waffen Frieden zu schaffen ...

Die Bibel sagt: Inmitten glitschiger, zuckender Fischleiber erkennen die Jünger Gott ... Das ist unheimlich ... das ist fremd ... mir auch.

Wo vorher nichts war, erfahren / erleben Simon und die anderen: Fülle ... Mir ist das unheimlich ... ob es mir fremd ist? –

Das Boot droht zu sinken ... Gott ist da ... *„Hab keine Angst."* - *„Fürchte dich nicht"*, so wird es sonst übersetzt ... 365 x soll es in der Bibel stehen, für jeden Tag des Jahres einmal. *„Fürchte dich nicht"* ... Mitten im Wunder ... Die Welt ist widerständig, schwankend, nasskalt ... *„fürchte dich nicht"* ... Mitten im Wunder ... Die Welt ist großzügig, überschwänglich, verschwenderisch...

Später, nach Ostern, wird der Auferstandene wieder am Ufer des Sees sein und Fische für seine Leute zubereiten ... Es ist viel mehr da, als Du brauchst ... *„Fürchte dich nicht"*.

Simon und die anderen sind wie „überschüttet" von dieser Erfahrung. Sie wissen, wie's geht, mit dem Fischen, ... sie wissen auch, dass damit nichts garantiert ist ... Jetzt gilt nicht, was einmal war ... Es gilt offensichtlich diese Ahnung, was sein könnte.

„Wahnsinn!", hat Petrus vielleicht gemurmelt, ein Schrecken hatte ihn erfasst und alle, die bei ihm waren, über diesen Fang, den sie miteinander getan hatten ... Schrecken über einen Misserfolg, der nicht eintrifft ... Schrecken über eine Vergeblichkeit, die sich nicht bestätigt ... Schrecken über eine Hoffnungslosigkeit, die widerlegt wird.

„Was für ein Schrecken"[3], schreibt Peter Handke in einem frühen Gedicht:

...
über alles Genießbare, an dem sich noch kein
Preiszettel befindet ...
über jede Mücke auf dem Arm, die nicht zusticht
...
Erschrecken über nicht erschrecken
erschrecken über sich freuen
sich freuen über erschrecken:

---

[3] Handke, Peter, in: Meyer-Sickendiek, Burkhard, Lyrisches Gespür, München, 2011, S.291

„*Auf dein Wort hin*", so beginnen große und kleine Geschichten ... mein Leben wird nicht bequem, die Welt, das Leben ist wie sie, wie es ist.

Es bleiben Aufgaben, vor deren Größe wir erschrecken: wie können wir Frieden schaffen, Zustände erreichen, in denen Menschen fair und gerecht behandelt werden, wo Menschen leben können...

Was kann ich tun? – Ich muss ins Ungewisse, aber Gott geht mit.

„*Fahr raus*", höre ich, und spüre Nasskälte auf der Haut ... „*Fürchte Dich nicht*" ... Da sind Leute, die wissen, wie's geht, und trotzdem... Sie haben sich grundlos ausgesetzt, schwarzem Wasser und schwankendem Boden, zerbrechlichen Booten. „*Fahr raus*" ... „*Fürchte Dich nicht*" ... Da ist Gott ... genau da. „*Fürchte Dich nicht*". – Amen.

23. Juli 2022 – Apostelgeschichte 8, 26-39

Sommerzeit ist Reisezeit ... Viele von uns sind oder werden in den nächsten Wochen unterwegs sein ... Für einige Wochen möchten wir aus dem gewohnten Trott ausbrechen, ... Neues, Anderes erleben ... Wir möchten Dinge tun, für die sonst keine oder zu wenig Zeit ist ... Manche möchten vielleicht auch einfach nur einmal in Ruhe nachdenken über sich selbst ... und über das Leben. –

Im 8. Kapitel der Apostelgeschichte erzählt Lukas von einem Menschen auf einer Reise: Er will über sich und das Leben nachdenken ... Eine wichtige Begegnung verändert sein Leben ... Es hat ihn allerdings an einen ungewöhnlichen Ort verschlagen ... er ist in der Wüste.

In der Apostelgeschichte beschreibt Lukas den Weg eines Finanzministers aus dem fernen Äthiopien: *„Er aber zog seine Straße fröhlich"* ... Davor wurde er - mir nichts, dir nichts - von Philippus an einem Bach - sie kamen da ganz zufällig vorbei - getauft ... Ja, was ist denn das? – Es ist so anders als bei uns die Taufen ablaufen: Kein ordentliches Taufbekenntnis, - kein liturgisches Gottesdienstgeschehen, keine Paten, keine anschließende Familienfeier, kein nachgezogener Taufunterricht in der Konfirmandenzeit, ... nichts von alledem, was wir heute von der Taufe kennen ... einfach so ... *„Sieh, da ist Wasser. Was hindert's, dass ich mich taufen lasse?"* – Nichts hindert ... Philippus tauft einfach ... und sofort ist der hohe Finanzminister aus Äthiopien ein getaufter

Christ ... einfach so. *„Und er zog seine Straße fröhlich"* ...
Wir hören nichts mehr von ihm ... ob er im Glauben
standhaft blieb, ob er im fernen Äthiopien eine Gemeinde fand oder gründete, in der er zu Hause sein
konnte ... Wie er überhaupt seinen neuen christlichen
Glauben lebte? Nix da, das bleibt alles im Dunkeln ...
Doch: *„er zog seine Straße fröhlich".* –

Manchmal frage ich mich, wie das bei uns ist, mit unserer Taufe, die wir als mehr oder weniger gute Christen
irgendwann einmal empfangen haben. – Ziehen wir unsere Straße fröhlich durch unser Leben? Was auch immer kommen mag, was das Leben auch immer bringen
mag, macht nichts, ... wir ziehen unsere Straße fröhlich,
so oder so? – Hat die Taufe solch eine Wirkung bei uns?
– Es wäre schön, wenn es so wäre.

Es ist fast schon eine unwirkliche Geschichte, die da
erzählt wird von der ersten Taufe der Christenheit. Alles
ist fantastisch irreal: Ein Finanzminister aus Äthiopien
pilgert nach Jerusalem, um anzubeten und dort vielleicht ... vielleicht ... den rechten Glauben zu finden ...
Schon das ist ungewöhnlich. Aber nun ja, nicht ganz un-
vorstellbar bei der Verbreitung des Judentums in der da-
maligen Welt. - Jerusalem war schon damals eine religiöse Hochburg. Schmelztiegel allerlei religiöser Impulse
... Da also will der Finanzminister hin, will ein bibeltreuer
Jude werden, wie immer das auch aussehen mag ... nun
ist er auf der Heimreise ... Ob er in Jerusalem das fand,
was er suchte, wissen wir nicht. Es heißt nur, dass der in
der (hebräischen) Bibel liest, natürlich eine ganz zentrale
Stelle, Jesaja 53, eines der sogenannten Gottesknechts-
lieder, die der christliche Glaube auf Jesus hin deutet ...

und er versteht ... wen wundert das? – nichts, - versteht nur Bahnhof - dieser Finanzminister ... Es muss in seinem Kopf wie in einem Brummkreisel vorgehen, alles dreht sich, man könnte schwindlig werden ... religiöse Erleuchtung in Jerusalem? – Eher religiöse Verwirrung ... Der arme Kerl.

Doch da ist Philippus zur Stelle ... Ein Engel hat ihn dazu beauftragt, heißt es am Anfang. In Gaza kreuzen sich beider Wege ... ausgerechnet Gaza, wo die Menschen dort heute ganz andere Sorgen als eine theologische Diskussion über Jesaja 53 haben ... Eine seltsame Begegnung:

- o Jesaja 53, das Gottesknechtslied
- o „Ich verstehe nix"
- o Kannst du mir da helfen?
- o Natürlich, ich kann es ... Eine Predigt von Christus.

„Philippus aber tat seinen Mund auf und fing mit diesem Schriftwort an und predigte das Evangelium von Jesus" ... Wie er es predigte, erfahren wir nicht. Nur, dass er es tat ... es bleibt auch im Dunkeln, ob es eine Bekehrung war oder eher ein entscheidender „innerer Durchbruch", wie Psychologen es beschreiben würden(?)

„Was hindert's, dass ich mich taufen lasse? ... Und er zog seine Straße fröhlich..."

Das ist viel mehr als ein privates Mich-Wohlfühlen. Robert Musil schreibt: „Ungemein viele Menschen fühlen sich heute in bedauerlichem Gegensatz stehen zu ungemein vielen anderen Menschen. Es ist ein Grundzug der Kultur, dass der Mensch, dem außerhalb seines eigenen Kreises lebenden Menschen aufs tiefste misstraut, also dass nicht nur ein Germane einen Juden, sondern auch ein Fußballspieler einen Klavierlehrer für ein unbegreifliches und minderwertiges Wesen hält ... diesen Zustand einer ungewissen, atmosphärischen Feindseligkeit, von dem in unserem Menschenalter die Luft voll ist."[4]

Fröhlich, damit ist eine ungewisse atmosphärische Freundschaftlichkeit, ein Friedlich-Gestimmtsein gegen den andern gemeint ... ein Interesse am Fremden, das doch mein Verwandtes noch werden könnte.

Fröhlich, das ist eine unbekümmerte Gastfreundschaft, die ausgedrückt: ich fühle mich geehrt durch dein Hiersein.

Fröhlich sein, ist eine Schutzhülle haben, ist Umfangen sein ... Das ist ein Nachbild der Geborgenheit in der Mutter, ein Sinnbild für „Von guten Mächten wunderbar geborgen" ... Die Taufe wiederholt und bildet das Eingetaucht sein in Gott ab ... jede Fröhlichkeit ist ein Atem aus dieser Geborgenheit ... Darin sind wir mit der Taufe aufgehoben und deshalb können wir mutig, entschlossen und fröhlich unsere Straße ziehen ... Ich wünsche dir und Ihnen leichte Schritte auf dem Weg. – Amen.

---

[4] Musil, Robert, Der Mann ohne Eigenschaften. Roman, München 2013, S. 29

31. Juli 2022 – Johannes 6, 30-35

Ein Mensch gelangt, mit Müh und Not
vom Nichts zum ersten Stückchen Brot
Vom Brot zur Wurst geht's dann schon besser,
der Mensch entwickelt sich zum Fresser
und sitzt nun, scheinbar ohne Kummer
als reicher Mann bei Sekt und Hummer
Doch sieh, zu Ende ist die Leiter
Vom Hummer aus geht nichts mehr weiter
Beim Brot so denkt er, war das Glück
Doch findet er nicht mehr zurück.

So reimt Eugen Roth[5] und sagt, warum wir leiden, obwohl es uns insgesamt gut geht ... Die Gaben sind ungleichmäßig verteilt: die einen schlemmen auf Sylt - andere überlegen, wie sie mühsam über die Runden kommen. - Insgesamt leben wir im Überfluss ... Trotzdem suchen immer mehr Menschen Mittel, die Seele aufzuhellen ... der Hunger nach Glück, der Lebenshunger ist geblieben ... wir brauchen nicht alle Tage Manna vom Himmel ... Unsere Lager und Kühlhäuser platzen aus allen Nähten, aber der Hunger nach Glück, der Lebenshunger ist geblieben.

Schon vor 10 Jahren singt Frida Gold ein Lied (QR-Code): „Ich fühl mich leer / All die Hoffnung, die war / Ist schon lang nicht mehr da / ... / Ich hab gesucht und gesucht / In den hintersten Ecken / ... / Wovon

---

[5] Roth, Eugen, in: https://www.gedichte7.de/lebensleiter.html (26. Oktober 2024)

sollen wir träumen? So wie wir sind. / Woran können wir glauben? Wo führt das hin? / ... / Wir trinken zu viel / Es bleibt ein Spiel ohne Ziel / Wann hört das auf? / Wann kommen wir hier raus? / Wovon sollen wir träumen? / Wo sind wir zu Haus?"

Die Musiker dieser Gruppe waren damals zwischen 20 und 30. Die Jugend haben sie hinter sich, sind junge Erwachsene, sehen somit nach menschlichem Ermessen die meiste Zeit des Lebens noch vor sich ... Vor allem die Zeit, in der nach herkömmlicher Lebensgestaltung Menschen so richtig durchstarten ... und doch singen sie: „Alle Hoffnung, die war, ist schon lang nicht mehr da" ... Deshalb: „Wovon sollen wir träumen, so wie wir sind? / Woran sollen wir glauben, wo führt das hin?"

Materieller Wohlstand und gleichzeitig innere Leere, keine Orientierung ... „Woran sollen wir glauben, wo führt das hin?" – Ratlosigkeit bleibt, der Lebenshunger wird materiell erstickt ... Die Mägen sind voll und die Seele bleibt leer. – *Der Mensch lebt nicht vom Brot allein.*" –

Der Mensch lebt auch vom Brot: im Evangelium nach Johannes im 6. Kapitel sättigt Jesus fünftausend Menschen ... Er stillt den Hunger ihrer Seelen und ihrer Leiber. Er versorgt sie mit Lebenswort und Lebensbrot. Jesus lässt Brot und Fisch an die hungernde Menge austeilen und bringt sie dadurch zum Teilen untereinander ... Damit kommt er Bertolt Brechts Wort „Gerechtigkeit sei das Brot des Volkes"[6] zuvor – und rückt dabei den Grund und den Geber von allem in den Blick: „Gerechtigkeit ist das Brot Gottes", weiß Friedrich Schorlemmer ... Fünf Brote und zwei Fische reichen ihm dafür, mit Gottes Lebensgabe dem menschlichen Lebenshunger zuvorzukommen.

---

[6] Brecht, Bertolt, Gesammelte Werke 10/ Gedichte 3. Frankfurt am Main: 1005

Das Teilen von Brot, die gemeinsame Mahlzeit sind wichtig ... Heute erleben wir die Verwahrlosung und Zerstörung unserer Tischgemeinschaften ... Wie soll da bei Tisch noch etwas geschehen, wenn das Essen und Trinken möglichst rationell, möglichst schnell, nebenher vonstattengehen soll ... Wenn manche Familien überhaupt nicht mehr um einen Tisch versammelt sind, - sich jeder nach Bedarf aus Kühlschrank und Mikrowelle bedient ... Wie soll Essen da noch Leib und Seele zusammenhalten? –

Wir sind lebenshungrige Menschen, unser Leben lang ... Essen und Trinken soll uns geben, was es kann ... das Manna war Gottes Gabe, das für das Volk Israel in der Wüste vom Himmel fiel und Gottes Gabe ist der Überfluss an Essen und Trinken und deshalb will Essen und Trinken auch so begangen und gefeiert werden: als Gottes Gabe.

„Ich bin das Brot des Lebens. Wer zu mir kommt, den wird nicht hungern; und wer an mich glaubt, den wird nimmermehr dürsten.“

Doch das von Jesus versprochene Leben für die ganze Welt scheint sich aus Teilen davon längst verabschiedet zu haben: in manchen Ländern gibt es weder ausreichend Brot noch Wasser und Menschen hungern und dürsten nach Gerechtigkeit, während sich anderswo eine wahre Lebensmittelflut - wenn auch nicht vom Himmel so doch aus den Regalen der Supermärkte - in unsere gut gefüllten Mägen ergießt.

In Afrika sterben Menschen, statt zu leben ... wir wissen das...

Was verbirgt sich also hinter diesen biblischen Geschichten, die von Brot und Leben erzählen? – Sind sie nichts als eine unglaubliche Provokation in den Ohren all derer, die in dieser Welt Hunger leiden? – Sind sie nicht lächerlich angesichts der

Bemühungen der Helfer vor Ort, angesichts der Verteilungskämpfe in den Flüchtlingslagern und der maßlosen Ungerechtigkeiten zwischen arm und reich? –

Das Speisungswunder nach Johannes beginnt mit der menschlichen Sorge: Was sollen sie essen? - Zwei Brote und fünf Fische für so viele Menschen...

Die Geschichten vom Manna und von der Brotvermehrung sind Richtschnur und Hoffnung auf ein besseres Leben ... Sie lassen uns nicht vergessen, dass wir bei aller Autonomie und bei allem vermeintlichen Wohlstand immer auch bedürftige, verletzliche und gefährdete Geschöpfe sind - angewiesen auf andere, angewiesen auf die Gnade Gottes ... Sie schärfen unsere Achtsamkeit für die Hilfsbedürftigkeit der Anderen und stärken unser Gemeinschaftsgefühl inmitten von Angst und Vereinzelung.

Wir erzählen diese Geschichten heute weiter, damit die große Vision vom Leben für die ganze Welt nicht verloren geht ... und eines Tages jeder Mensch auf dieser Erde sich zuhause fühlen kann, weil er Brot auf seinem Tisch findet, das er in Frieden essen und genießen kann ... in Europa, in Afrika und überall auf der Welt ... davon können wir träumen und damit können wir leben. – Amen.

6. EIN KIND UND FREI

6. August 2022 – Römer 8, 12-17

Die Tasche ist gepackt … alles drin für einen perfekten Tag auf der Insel: ein Buch, Wasser … jetzt noch ein Fahrrad leihen und schon geht's los: ein leichter Weg, durch Elektro-Motor unterstützt und ein grenzenloser Blick aufs Meer … Ich habe Bilder von früher vor Augen: Sommerferien – sechs lange Wochen ohne Pflichten … keine Schule, keine Hausaufgaben … einfach frei … manchmal unerträglich viel frei. – Lange Nachmittage im Freibad. Familienurlaub an der Ost- oder Nordsee … Pommes am Strand, Mückenstiche an den Beinen … Jeder Tag neu und unbeschwert leicht.

Mit der Tasche über der Schulter geht es auf den Weg, an Dünen vorbei … links und rechts: Meer und Wellen, weißer, heißer Sand. Oben: strahlend blauer Himmel, der am Horizont das Meer berührt.

Ich genieße das Rauschen der Wellen, den weiten Blick … kein Telefon … kein Papierstau … keine Terminerinnerungen … frei … einfach frei: perfektes Urlaubsfeeling.

„So sind wir nun, liebe Brüder, nicht dem Fleisch schuldig, dass wir nach dem Fleisch leben. Denn wenn ihr nach dem Fleisch lebt, so werdet ihr sterben müssen; wenn ihr aber durch den Geist die Taten des Fleisches tötet, so werdet ihr leben", schreibt Paulus im Brief an die Römer im 8. Kapitel.

Etwas schuldig bleiben … ein bekanntes Gefühl … So viele Pflichten und Zwänge, die den Alltag bestimmen … Da bleibt wenig Zeit für sich selbst, einmal innezuhalten, spontan Freunde zu treffen, … Zwang und Pflicht, die die Luft zum Atmen nehmen. Termine, Beruf, eigene Ansprüche … sie lassen nicht zur Ruhe kommen. – Selbst im Urlaub fällt es schwer, das

Smartphone zu ignorieren, abzuschalten, die „Seele baumeln zu lassen" ... der Alltag bleibt im Hinterkopf mit all seinen Ansprüchen ... und immer mit dabei: Nachrichten von zu Hause und aus aller Welt ... Was passiert wann, wo(?) ... die Welt lässt sich nicht aussperren, ... auch im Urlaub nicht.

Ich sitze auf einer Bank zwischen den Dünen, lasse den Blick schweifen und die Gedanken fliegen ... habe alles um mich herum vergessen: Zuhause, Zeit und Welt ... Als sich der Hunger meldet, gehe ich zur Promenade. Eine lange Reihe von Cafés und kleinen Läden. An einem Stand kaufe ich Kaffee und Wasser ... mein Blick fällt auf eine Zeitung: immer wieder die gleichen Meldungen: Corona, Hunger in Afrika, Krieg in der Ukraine, ...

– Vorbei mit der Urlaubsstimmung ... Die Welt und der Alltag haben mich wieder. –

Die Sehnsucht bleibt, alles hinter sich zu lassen ... wenigstens für ein paar Tage oder Stunden ... sich etwas Gutes zu tun ... unbedarft in den Tag hineinzuleben, wie damals in den Sommerferien.

„Denn welche der Geist Gottes treibt, die sind Gottes Kinder. Denn ihr habt nicht einen knechtischen Geist empfangen, dass ihr euch abermals fürchten müsstet; sondern ihr habt einen kindlichen Geist empfangen, durch den wir rufen: Abba, lieber Vater!"

Die Welt ist zum Fürchten ... täglich neue Bilder von Gewalt ... täglich neue Zahlen von Opfern und Anschlägen ... täglich der Kampf ums Überleben – im Großen wie im Kleinen – Ein wiederkehrender Kampf um den Platz an der Sonne. Getrieben vom Ziel, ganz vorne mit dabei, Erster zu sein ... Getrieben von der Angst, zu versagen ... etwas zu versäumen.

Diese Angst engt ein ... knechtet uns ... macht uns unfrei ... unfrei, anderen Menschen offen zu begegnen ... Die Furcht vor der Welt hat uns fest im Griff.

Die Furcht vor der Welt – sie hat auch Paulus im Griff ... verfolgt, gefangen, gefoltert ... und später hingerichtet, weil er an Jesus Christus glaubt ... – Für Paulus ist die Welt zum Fürchten.

Das Bild von Christus lässt ihn nicht los. Er fühlt sich getrieben vom Geist Gottes ... angetrieben ... Er will weiter seine Botschaft verbreiten, jetzt auch über das Mittelmeer bringen, nach Europa, nach Rom ... etwas treibt ihn an: Gottes Geist ... gegen die Angst vor der Welt schreibt er an:

„Ihr habt einen kindlichen Geist empfangen, durch den wir rufen: Abba, lieber Vater!"

Gott ist wie eine Mutter, die uns tröstet[7] ... wie ein Vater, der uns beschützt ... darauf zu vertrauen macht frei von der Angst ... Angst vor der Welt, Angst vor dem Verlieren, vor dem Versagen, vor dem Verpassen.

Damals, als Kind, konnte ich sorglos in den Tag hineinleben ... Ich wusste, meine Eltern kümmern sich um mich ... Sie konnten helfen, mich tragen, wenn der Weg zu weit war, - nahmen mich in den Arm, wenn ich Angst hatte. – So konnte ich die Welt entdecken, neues wagen ... hinfallen gehörte dazu ... scheitern auch ... Aber ich konnte immer wieder aufstehen, neu probieren ... so lernte ich Fahrrad fahren, schwimmen und allein den Weg zur Schule zu gehen. –

Gott zu vertrauen wie ein Kind seinen Eltern ... und rufen: *„Abba! Lieber Vater!"*

Sich in die Welt zu wagen, sie zu entdecken. Sich nicht zu fürchten vor ihren Ansprüchen und Zwängen ... Gott zu

---

[7] vgl. Jesaja 66,13

vertrauen ... Trotz der Verfolgung ... Trotz der Gefängnismauern ... sich in die Welt zu wagen, über das Mittelmeer, nach Europa.

Im Urlaub lässt sich die Welt nicht aussperren ... die Bilder aus Zeitung und Fernsehen kann ich nicht abschalten ... sie bleiben in meinem Kopf ... schieben sich vor Nordseestrand und Horizont.

Für Paulus und die anderen Christen ist das Mitleiden Teil des Lebens, sie mussten leiden wegen ihres Glaubens. – Auch heute gehört es für viele Christen wieder dazu. – Paulus kann das Leiden nicht aussperren. Es gehört zu seinem Leben, auch wenn er *„Kind Gottes"* ist. – Die Welt ist immer noch zum Fürchten, aber sein Vertrauen: *„Abba! Lieber Vater!"* befreit ihn zum Leben ... er hat Mut, weiter in die Welt zu gehen, über das Mittelmeer ... Das befreit ihn, hilft ihm, zu leben. –

Am nächsten Tag packe ich wieder meine Tasche ... wieder mit dabei: ein Buch und Wasser ... diesmal nicht dabei: die Illusion einer perfekten Urlaubsidylle ... Dafür habe ich Freiheit im Gepäck: Ich muss mich vor der Welt nicht fürchten...

Dir und Ihnen wünsche ich, die Erfahrung von Paulus: Perspektiven, die uns nicht unterkriegen lassen ... Ich möchte mich nicht treiben lassen, ... will frei sein ... verbunden bleiben mit dem, was mir Kraft gibt ... mit dem, der mir Kraft gibt. *„Denn welche der Geist Gottes treibt, die sind Gottes Kinder."* – Amen.

21. August 2022 – Römer 11, 16b-18

Ich war ein paar Tage an der Nordsee … dort verliert sich der Blick in der Weite des Horizonts, wird nicht gehindert, … ebenso wenig wie der Wind … Der kommt mit Kraft und biegt sich manche Bäume in eine eigene Richtung … Die Bäume sind schief, aber von guten Wurzeln gehalten.

Wurzeln sind unsichtbar. Aber sie entfalten Kraft. Sie bahnen sich ihren Weg in der Erde … immer tiefer und in viele Richtungen … ein Baum braucht starke Wurzeln … Dann kann der Wind kommen…

Die Wurzeln tragen ihn und halten ihn … unsichtbar.

Wie Bäume sind wir Menschen.

Mit Wurzeln, die mich prägen.

Ein Geflecht:

Der Ort, an dem ich aufgewachsen bin.

Die Landschaft, die Sprache, die Musik.

Das Essen.

Die Menschen: Ihre Stimmen,

ihre Art, mich an der Hand zu nehmen…

Worin wurzele ich?

Was hat mich geprägt?

Wer hat mich geprägt? –[8]

Meine Eltern waren mir wichtig … und, wenn die mal keine Zeit hatten, auch Oma und Opa. Zu ihnen konnte ich gehen, wenn

---

[8] Der eingerückte Text war durch Flötenmusik (Psalm 1 „Der ist wie ein Baum") meiner Frau, Katharina Jung, begleitet. Über den QR-Code lässt sich das Lied mit Gesang aufrufen.

ich Kummer hatte oder wenn es mir nicht gut ging ... Sie waren immer da ... Sie hörte zu ... ermutigte mich. Daran erinnere ich mich. – Vielleicht habt ihr /haben Sie an ähnliche Wurzeln gedacht.

Als Christen haben wir auch Wurzeln: Einmal im Kirchenjahr begehen wir den „Israelsonntag". Er weist uns auf die jüdischen Wurzeln, aus denen wir Christen leben: von ihnen nähren wir uns, oft ohne es zu ahnen ... Dabei sind unsere Gottesdienste voller jüdischer Wurzeln.

In jedem Gottesdienst sprechen wir einen Psalm, ein altes Lied, das am Jerusalemer Tempel vor Zweitausend Jahren gesungen wurde ... die jüdischen Psalmen legen uns ein Gottvertrauen vor, dass über die Jahrtausende trägt ... Es nährt sich aus tiefem Vertrauen zu Gott. –

Naturwissenschaften haben sich weiterentwickelt. Bei deren Erklärungen sehen wir anderes, das ist gut. Trotzdem haben die alten Worte der Psalmen nichts von ihrer Kraft eingebüßt. Sie können uns zu einem Dach werden, unter das wir schlüpfen, wenn wir mit unseren Worten nicht mehr weiterwissen. (*„Der Herr ist mein Hirte, mir wird nichts mangeln, er weidet mich auf einer grünen Aue..."*) Das Gottvertrauen dieser Worte im Klagen, Bitten oder im Loben ist bis heute spürbar ... wir teilen es mit unseren jüdischen Brüdern und Schwestern.

Als Christen haben wir alte Wurzeln ... Aus ihnen leben wir bis heute.

Juden und Christen verbindet vieles und trennt manches: Jesus eint uns und trennt uns ... Er eint uns, weil er Jude war ... Er hat Menschen berührt ... mit Worten ... mit Taten ... hat den Himmel geöffnet ... Er trennt uns, weil er für uns Christen der Messias ist, den die Juden noch erwarten ...

In jedem Gottesdienst beten wir das Vaterunser, eigeleitet mit den Worten: „wie unser Herr uns zu beten gelehrt hat." Das christliche Gebet ist ursprünglich ein jüdisches … mit biblischen und talmudischen Wurzeln. Der Rabbiner Joel Berger[9] erkennt zahlreiche Parallelen zum Kaddischgebet. – Die zwei volkstümlichen Grundthesen des Kaddisch sind, wie Gottes Herrschaft auf Erden entstehen und sich die Erde mit dem Ruhm Gottes füllen soll … das ist wie im Vaterunser. –

Jeder Gottesdienst schließt mit dem Segen … Die Segensworte werden Mose von Gott anvertraut. Sein Bruder Aaron soll diesen Segen auf die Israeliten legen. *„Der Herr segne und behüte dich. Der HERR lasse leuchten sein Angesicht über dir und sei dir gnädig. Der HERR erhebe sein Angesicht auf dich und gebe dir Frieden."*[10] – Diese jüdischen Segensworte berühren tief: Der Name Gottes wird auf uns gelegt … bis heute…

Es sind tiefe und starke Wurzeln! Sie nähren uns.

„Nicht du trägst die Wurzel, sondern die Wurzel trägt dich."

Unsere Wurzeln reichen über Jahrtausende … Sie führen mich zu Menschen jüdischen Glaubens …. Ich bin kein Jude … Ich bin in meinen christlichen Glauben hineingewachsen und wachse ein Leben lang darin weiter.

Der Sonntag wurzelt im jüdischen Sabbat: *„Gott ruhte am siebten Tag der Schöpfung."*

Zeit für Ruhe.

Zeit fürs Durchatmen.

Der Sonntag leitet sich davon ab … ursprünglich ist er der erste Tag der Woche, an dem die Frauen zum Grab gehen und

---

9 Berger, Joel, Vom Kaddisch zum Vaterunser, in: https://www.juedische-allgemeine.de/religion/vom-kaddisch-zum-vaterunser/ (26. Oktober 2024)
10 4. Mose 6,24-26

es leer finden: Tag der Auferstehung ... Auch in der Schul- und Arbeitszeit ist der Sonntag ein Urlaubstag am Anfang der Woche mit einer Wurzel im jüdischen Glauben.

Wurzeln geben Kraft und Stärke. Sie gründen in tiefem Boden, der nicht immer sichtbar ist. Aber es ist wesentlich, etwas von seinen Wurzeln zu wissen. Damit ich weiß, wem ich die Früchte verdanke, die ich hervorbringen kann.

Für meine Wurzeln bin ich dankbar ... Ich schätze sie wert. –

Der christliche Gottesdienst hat seine Wurzel im jüdischen Gottesdienst.

Als im Jahr 1941 in Deutschland die sogenannte „Endlösung" der Judenfrage vorbereitet wurde, legte der Schweizer Theologe Karl Barth in der Volkshochschule zu Basel den Römerbrief aus und sagte: „Wer Jesus im Glauben haben will, der muss die Juden mithaben. Sonst kann er auch den Juden Jesus nicht haben."

Barth zieht daraus den Schluss: „Die Kirche muss mit der Synagoge leben – nicht wie die Toren in ihrem Herzen sagen, als mit einer anderen Religion oder Konfession, sondern als mit der Wurzel, aus der sie selbst hervorgegangen ist."[11]

Unsere jüdischen Wurzeln sind kostbar ... Sie geben unseren Glauben Halt. – Amen.

---

[11] Barth, Karl, zitiert nach: Almekias-Siegl, Salomon; Münch, Sabine, Gehen wohl zwei miteinander. Jüdisch-christliche Lernwege durch die Bibel, 2016, S. 288

4. September 2022 – Jesaja 29, 17-24

„Das war zu schön, um wahr zu sein", gibt es das(?): Träume, die so schön sind, dass sie unmöglich wahr sein können ... „zu schön, um wahr zu sein", das passt auch zu dem, was Jesaja sagt...

„*Wohlan!*" Auf geht's ... eine Aufmunterung steht am Anfang ... Gott gibt Jesaja den Auftrag, niedergeschlagenen Menschen neuen Mut zuzusprechen. „Ihr dürft den Kopf nicht hängen lassen. Ja, ihr habt viel Grund zum Klagen, aber bald wird es anders." ... und dann beschreibt Jesaja in drei Bildern Gottes Zukunft...

Im 29. Kapitel können wir es lesen: Wo bisher Wüste war, sind blühende Landschaften. Die Ernte fällt reichlich aus, niemand muss hungern ... Es gibt keine Naturkatastrophen mehr, die Menschen in Angst und Schrecken versetzen ... Die Schöpfung ist wieder gut und schön.

Die Menschen sind glücklich, gesund an Leib und Seele. Behinderungen und Krankheiten sind verschwunden ... Jeder hört den anderen und sieht ihn, keiner wird vergessen, keiner an den Rand gedrängt ... In Staat und Gesellschaft herrscht Gerechtigkeit, die Politiker und Manager wirtschaften nicht in die eigene Tasche; niemand versucht, sich zu bereichern oder andere zu betrügen.

Menschen loben Gott, weil sie erkannt haben, wie gut er zu ihnen ist ... Sie hören auf sein Wort, sie machen Gottes Gebote zur Leitlinie für ihr Leben ... alle Generationen feiern miteinander Gottesdienst.

Wunderschöne Bilder führt uns der Prophet vor Augen ... Aber hast du, haben Sie nicht auch gedacht: Zu schön, um wahr zu sein? –

Wir denken an den Krieg in Europa, die immense Aufrüstung, immer mehr Waffen, um Schutz zu organisieren ... oder die Anmutung von Schutz ... weltweit hungern Menschen, bei uns werden Nahrungsmittel immer teurer. –

Eine Stimmung stellt sich ein, wie Eva Zeller sie in ihrem Gedicht „Gesagt" beschreibt:

Anpocht Ent-

setzen um-

dreht das

Herz sich

im Leib mir

sträuben die

Haar sich so

sind sie

besser zu

zählen

Bist du, sind Sie auch fassungslos, wenn unsere Erde unter der Klimaveränderung ächzt und stöhnt ... und unsere Politiker geschäftig, aber hilflos erscheinen, ohne Wirkung bleiben? –

Jesaja prophezeit: Denn *„es wird ein Ende haben mit den Tyrannen und mit den Spöttern aus sein ... und es werden vertilgt werden alle, die darauf aus sind, Unheil anzurichten"* ... tatsächlich: Es hatte ein Ende mit vielen Tyrannen vor allem im Norden Afrikas, aber ist die Welt dadurch besser, gerechter, friedlicher geworden? –

Auch die Welt des Propheten war erschüttert von Terror und Krieg, von Tyrannen und Unheilstiftern, von erdrückender Ungerechtigkeit ... Jesaja gibt nicht auf, wird nicht radikal. Er kapselt sich nicht ein in seine Trauer, und seine Wut lässt ihn nicht zur Waffe greifen ... Jesaja setzt die Hoffnung gegen den Schrecken: Es wird eine Zeit kommen, da wird es keine Tyrannen mehr geben, da werden die Tauben hören und die Blinden das Licht sehen, die Elenden werden sich freuen und die Ärmsten fröhlich sein ... Es wird eine Zeit geben, da wird die Welt wieder heil sein. – Jesaja spricht vom Reich Gottes ... Auch wenn es in seiner Welt unheilvoll zugeht, wenn die Tyrannen in der Überzahl sind und vieles in Trümmern liegt – Jesaja ist sicher: Die erstarrten Herzen werden wieder schlagen, die Waffen werden zerbrechen und in den zerstörten Landschaften werden Oasen emporschießen ... Jeder wird es sehen können. *„Und die, welche irren im Geist, werden Verstand annehmen, und die welche murren, werden sich belehren lassen!"*

In unseren Herzen lebt diese Hoffnung auch, wir beten im Vater unser: *„Dein Reich komme."*

Trotzdem gibt es in jedem Leben Ereignisse, die uns bis ins Mark erschüttern ... Tage, nach denen unser Leben in Trümmern liegt, gesprengt vielleicht durch eine ärztliche Diagnose, das Scheitern eines beruflichen Traums oder ein „Ich liebe dich nicht mehr", irgendwann leise gesagt an der Grenze zwischen Tag und Nacht. – Die Macht des Dunklen ist in jedem Leben spürbar, ... erfahrbar, aber ... sie ist gebrochen ... All die Tyrannen, die Fesseln und das Leid behalten nicht das letzte Wort.

Ist das zu schön, um wahr zu sein? ... ein Traum, ein frommer Wunsch? – Von einem Traum werden wir wieder wach ... Er zerplatzt wie eine Seifenblase. Er wird nicht wahr werden, oder nur sehr selten ... Hoffnung ist mehr als ein Wunsch ... Ich kann mir viel wünschen ... Ob sich Wünsche erfüllen, habe ich häufig nicht in meiner Hand...

Hoffnung sieht die Wirklichkeit ... sie sieht mehr als die Wirklichkeit. Sie sieht, wie etwas sein soll, wie etwas werden kann ... Hoffnung hat zwei Geschwister: den Glauben und die Liebe ...

Hoffnung verbindet Menschen miteinander ... erwartet etwas ... Hoffnung vertraut nicht nur auf das, was ich selbst tun kann. Hoffnung sieht über die Welt hinaus: in die Ewigkeit ... So zeigt sich das Vertrauen, dass Gott handelt ... Die Welt wird mit den Augen der Liebe gesehen: so wie sie jetzt ist und so, wie sie sein könnte ... Hoffnung braucht keine Gewalt, ... keine Waffen. – Trotzdem muss sie sich nicht mit dem abfinden, was schmerzt.

Hoffnung setzt Kraft frei, für das, was wir tun können, weil sie uns Mut macht, auf das Wirken Gottes in unserem Leben zu vertrauen und sein Schweigen und unsere Schwäche auszuhalten ... Wir sehen die Welt mit den Augen der Liebe - so wie sie ist und so, wie sie sein könnte, nicht erst in der Ewigkeit ... jetzt schon. –

Zu schön, um wahr zu sein? – Unbemerkt, leise wächst es heran wie Sonnenstrahlen unter milchig verhangenem Himmel, die nur darauf warten, mit voller Kraft hervorzubrechen und die Wolken zu vertreiben ... Mit dieser Hoffnung im Herzen kann ich leben. Sie verwandelt Wut in Kraft, in Taten ... und gibt meiner Trauer einen Horizont ... Die Tyrannen werden fallen, die Fesseln werden gesprengt ... die Herzen aller Menschen schlagen tapfer und frei. – Amen.

9. WELTKINDERTAG

Was ist ein Kind?
Das, was
das Haus glücklicher
die Liebe stärker,
die Geduld größer,
die Hände geschäftiger,
die Nächte kürzer,
die Tage länger
und die Zukunft heller macht!

Wahrscheinlich denkt jeder bei diesem Gedicht einer unbekannten Verfasserin an seine Kinder und Enkel … Mir kommen meine Tochter Berit und meine Enkel Mia, Nele und Luna in den Sinn … ein Kind macht die Zukunft heller, … die Begegnung mit einem Kind zaubert den meisten Menschen ein Lächeln ins Gesicht … Womöglich erkennen wir etwas von den Wundern des Lebens, vom Wundern im Leben.

Der Weltkindertag am 20. September erinnert uns daran, uns gemeinsam für Kinderrechte einzusetzen, damit die Zukunft nicht nur für uns, damit die Zukunft auch für Kinder heller wird.

Kinder sind ein Zeichen für den Anfang: Das Lied des Lebens wird weitergesungen, gesummt, gepfiffen … Vielleicht manchmal auch nur weitergedacht … verstummen wird es nicht … weil Gott nicht verstummt … Gottes Liebe für das Leben ist unendlich und hört nicht auf, auch und gerade nicht, wenn es kritisch wird.

Janusz Korczak ein Vordenker der Kinderrechte-Bewegung hat das vorgelebt. Er war Arzt, Autor, Pädagoge und Leiter eines jüdischen Waisenhauses in Warschau. Als die Nazis die Kinder seines Waisenhauses deportierten, hat er „seine" Kinder freiwillig in das Vernichtungslager Treblinka begleitet und wurde dort im August 1942 getötet.

In seinem Buch: „Wie man ein Kind lieben soll" schreibt Korczak: „Wir sollten Achtung haben vor den Geheimnissen und Schwankungen der schweren Arbeit des Wachsens! Wir sollten Achtung haben vor der gegenwärtigen Stunde, vor dem heutigen Tag. Wie soll das Kind imstande sein, morgen zu leben, wenn wir ihm heute nicht gestatten, ein verantwortungsvolles, bewusstes Leben zu führen? Tretet es nicht mit Füßen, missachtet es nicht, entlasst es nicht in die Sklaverei des Morgen, hetzt es nicht, treibt es nicht an! Wir sollten jeden einzelnen Augenblick achten, denn er vergeht und wiederholt sich nicht und immer sollten wir ihn ernst nehmen."[12]

Kinder leben in ihrer eigenen Ideenwelt und haben eine eigene Weltsicht.

Kinder bringen sogar Wissen mit: Nach einer jüdischen Legende aus dem Talmud flüstert der Engel Lailah[13] dem ungeborenen Kind im Mutterleib alles ins Ohr, was es für sein Leben wissen muss ... Im Moment der Geburt, legt Lailah ihren Finger auf den Mund des Kindes, so dass es alles wieder vergisst ... Das Wissen bleibt aber in seinem Herzen bewahrt und steht ihm dann zur Verfügung, wenn es dieses Wissen braucht.

Von diesem Moment stammt die kleine Mulde auf der Oberlippe, Philtrum genannt.

---

[12] Korczak, Janusz, in: https://kinderwaerts.de/janusz-korczak/ (26. Oktober 2024)
[13] vgl. https://eplus.uni-salzburg.at/download/pdf/9117366.pdf (26. Oktober 2024)

Das heißt: Ein Kind braucht nur gute Bedingungen zum Wachsen ... Dann kann alles reifen und werden ... Wir müssen ihm nichts eintrichtern ... Alles wächst zu seiner Zeit und nach seinen Möglichkeiten.

Auf Kinder reagieren wir unterschiedlich: ... ein kleines Kind im Kinderwagen, das mit neugierigen Augen in die Welt sieht ... hellt unseren Blick auf, schenkt Lebensfreude. – Ein Kind, das an der Hand der Mutter, oder auch allein, bettelt, weckt unser schlechtes Gewissen. Wir fühlen uns verfolgt, bedrängt von durchdringenden, erwartungsvollen Blicken ... auf die Bitte: „eine Spende", reagieren wir zögernd ... es ist uns lästig ... Wir sehen den Blick ... Der Schriftsteller Peter Handke fragt in seinem Reisetagebuch nach einem Verb für die Augen der Kinder und beschreibt: „Kommen entgegen. Verlässlich überall auf der Welt, fast..."[14]

War Jesus mit seinen Worten und Taten, mit dem Ruf, der ihn gleichsam umgab oder vorauseilte, nicht gerade für diese vogelfreien „Kleinen" äußerst anziehend? ... *„Selig sind die Armen, denn sie sollen Gottes Kinder heißen"*, hatte er gepredigt. Diese Botschaft hören die erwachsenen Frauen und Männer ... und auch die „Kleinen".

Wenn Kinder dabei sind, werden die Dinge schwieriger: „Sie können nicht bleiben", werden die Jünger gesagt haben. „Was sollen wir mit ihnen anfangen? Sie müssen zu essen haben, sie machen sich schmutzig; sie müssen schlafen, sie sind langsam, sie sind eine Last und manchmal sind sie nervig oder unberechenbar ..." – Im Kinderevangelium können wir lesen: *„Die Jünger aber fuhren die an, die sie trugen"* ... Entsprechend scharfe

---

[14] Handke, Peter, in: https://www.deutschlandfunk.de/notizen-eines-rastlosen-100.html (26. Oktober 2024)

Reaktionen lassen sich auch in direkter Weise denken: „Macht, dass ihr wegkommt!" –

„Seht zu, dass ihr nicht einen von diesen Kleinen verachtet." – Jesus warnt die Jünger; er warnt die spätere Gemeinde ... die Verachtung dieser Kleinen - wie der Armen überhaupt - ist anscheinend bei den Christen eine naheliegende Gefahr...

Im Begleiten der „Kleinen", im Eintreten für ihre Bedürfnisse, im Respekt vor ihrem Eigensinn und auch in der Toleranz ihres ... Schmutzes ... kurz: im Mit-Ihnen-Sein, im Gespräch mit ihnen, darin könnte das Besondere der Gemeinde Jesu im Leben mit Kindern und Jugendlichen bestehen...

Wir lernen einen anderen Blick ... In der Sehschule des Glaubens geht der Blickwechsel von Gott aus, so beschreibt es Christus im 19. Kapitel des Evangeliums nach Matthäus: Engel als Repräsentanten der Kinder erwidern den Augenkontakt Gottes ... So schafft Gottes Augen-Blick das Sehen der Wirklichkeit mit den Augen des Glaubens ... Wie die Kinder sind die Glaubenden: Angesehene, Empfangende, Erwidernde, Vertrauende.

Das ist nicht anstrengend ... Der Himmel auf Erden ist ein „Kinderspiel": *„Wenn ihr nicht werdet wie die Kinder..."* – Ziel ist, mit aller Erfahrung, durch alle Erfahrung hindurchzugehen ins Kindsein ... behütet, gelassen, unbekümmert, mitfühlend, dankbar, arglos, beseelt von Wirkenwolllen. – Kinder sind gern sie selbst, - sie suchen Gemeinschaft, - wissen sich mit „Bössein" geliebt, - sind schnell bereit zu vergeben, - begehren kräftig, - sind gern hilfreich, - sind phantasievoll, - lachend, - lernend, - tröstend, ... sie sind Kinder Gottes, das Himmelreich ist ihres: Sie sind hier zuhause, sie sind im Glück, in Gott, eingehüllt von Liebe, von einer ansteckenden Heiligkeit.

Das gilt auch uns. – Amen.

10. ENGEL

Engel nennen meist nicht ihren Namen. Sie sind flüchtig, - wirksam, aber nicht greifbar, - irgendwie schillernd zwischen Himmel und Erde ... wirklich ist nur, was sie tun, sagen und singen. – So begegnen wir ihnen in der Bibel, in der Religionsgeschichte, und ... vielleicht auch in unserem eigenen Leben.

Engel sind fest verankert in der Bibel, in der christlichen Frömmigkeit, in Liedern und Gebeten: „Dein heiliger Engel sei mit mir, dass der böse Feind keine Macht an mir finde...", lehrt uns Luthers Abendsegen beten ... Wir singen im Gottesdienst „Ihr starken Engel waltet" und „Ach Herr, lass dein lieb Engelein am letzten End die Seele mein in Abrahams Schoß tragen." (EG 397, QR-Code) ... und wenn wir „von guten Mächten wunderbar geborgen" sind, ru-

fen wir damit die Engel an ... Der 29. September ist der Tag des Erzengels Michael und aller Engel. Er hält sich im liturgischen Kalender, manche Gemeinde schmückt sich mit einer Michaelskirche, wie in Wohra.

Engel sind tief im kulturellen Gedächtnis und in unserer Seele verankert ... Einem Engel zu begegnen heißt, etwas von Gottes Wirken zu spüren ... „Gott ist gegenwärtig" ...nicht allgemein und abstrakt, sondern jetzt, hier, in meinem Leben...

Wie und wo das geschieht, dafür können uns die biblischen Geschichten die Sinne schärfen. In der ersten Begegnung von uns Menschen mit Engeln treten sie uns mit einem feurigen Schwert in den Weg ... Sie bewachen eine Grenze: Hier kommst du nicht vorbei! – Das mag verschiedene Gründe haben. -

Dieser Weg geht in die Irre. - Jenseits der Grenze lauert der Tod ... der Engel, der im Wege steht, konfrontiert uns auch mit den Folgen einer Tat: Etwas ist vorbei, verloren, ... nicht ewiglich aber für die Zeit unseres Lebens ... Die Konfrontation kann heilsam sein, sie bewahrt uns davor, uns aufzureiben und unsere Energien und Gedanken an Unerreichbarem zu vergeuden ... Der Engel, der die Grenze bewacht, schützt uns auch vor uns selbst.

Engel ermutigen: Elia liegt völlig erschöpft in der Wüste. Burn-out würden wir wohl heute diagnostizieren ... Er hat sich übernommen, hat versucht, die Ehre Gottes wiederherzustellen und das Bekenntnis Israels zu erzwingen, und ist dabei durch Ströme von Blut gewatet ... Wir lesen nirgends, dass das Gottes Wille war. Nun ist er und seine Sache verloren. Da berührt ihn ein Engel ... unverhofft, unverdient. *„Steh auf und iss!"*, sagt der Engel. *„Denn du hast einen weiten Weg vor dir."* – Der Engel belässt es nicht bei guten Worten, er hilft tatkräftig: Brot und Wasser findet Elia ... dann macht er sich auf den Weg zum Gottesberg.

So begleiten die Engel auf gefährlicher Reise, weisen den Hirten den Weg, wälzen den Stein vom Grab, öffnen Gefängnisse und führen den Evangelisten Philippus genau an die Wegkreuzung, wo er den Kämmerer aus dem Morgenland treffen muss.

Können wir solche Geschichten weitererzählen? – Martin Luther hat das getan, die Engel bewachen nicht nur den Schlaf, sie geben uns auch gute Gedanken ein: Gott liebt mich ... Ich bin getauft ... gerechtfertigt ... und unendlich viel wert. – Engel geben uns diese Gedanken ein, denn es sind nicht einfach Fantasien und Wunschvorstellungen, es ist Gottes Wahrheit, aber nun ganz direkt und unmittelbar für mich und zu mir gesprochen und wahr geworden.

Wenn wir diesen Spuren folgen, begegnen uns auch heute Engel auf vielfältige Weise in unserem Leben ... Da ist die Intuition, das Bauchgefühl: Das solltest du nicht tun ... Hier droht Gefahr ... Oder eine vage Erinnerung an ein Gespräch: Da war doch noch etwas, eine Botschaft, ich habe sie gehört aber überhört, doch sie bleibt bei mir, verfolgt mich hartnäckig ... Vielleicht wache ich am frühen Morgen auf und weiß es plötzlich: genau, ganz klar, das war die Botschaft.

Oder unsere Träume: Sie sind mehr als nur die Verarbeitung des vergangenen Tages, der eigenen Angst, oder unserer Kindheit ... Manchmal enthalten sie merkwürdige Fingerzeige ... Ich wache auf und erinnere mich präzise an den Traum. Ich weiß genau, was er mir sagen will, trotz aller bunter Verkleidung. Und ich weiß, dass die Botschaft wahr und richtig und zu beherzigen ist ... Ein Engel hat im Traum gesprochen.

Was sind das für Geschichten, die biblischen und die von heute? – Es sind in jedem Fall gute Geschichten und gute Erfahrungen. Sie geschehen inmitten von Bedrohungen, Spannungen, Angst und Hoffnungslosigkeit, sie geschehen in Gefängnissen jedweder Art ... Es sind Rettungsgeschichten, Befreiungsgeschichten.

Engel begegnen unvorhersehbar, unwahrscheinlich und punktuell ... In Träumen, Intuition, Bauchgefühl und Zufall. In dem, was sich nicht berechnen und erklären lässt ... In Lebenserfahrungen, die sich nicht den gängigen Erklärungsmustern, die unseren Alltag regeln oder die uns die Wissenschaften vorsetzen, fassen lassen.

Wenn die Bibel von Engeln erzählt, wenn Menschen heute von Engeln reden, dann ist damit gemeint: Gott wirkt durch die

Zufälle dieser Welt, Gott spricht zu uns, warnt, schützt und rettet uns durch Träume und Intuitionen und Bauchgefühl und die unwahrscheinliche Begegnung die eigentlich nicht sein darf. – Deshalb sind Engelgeschichten am Ende dann doch wieder ganz gewöhnliche Geschichten ... Engel sind keine glanzvollen Wesen, die silbern vom Himmel schweben und selbst Macht tragen. Sie sind Boten, Helfer, ... Sie bringen Gottes Energie, Gottes Liebe, Gottes Worte in unsere Welt, um das Leben und ... um diese Welt zu erhalten.

Dir und Ihnen wünsche ich, dass das im Alltag wirklich wird. – Amen.

9. Oktober 2022 – Jesaja 49, 1-6

Kennst du, kennen Sie dieses lähmende Gefühl: „Es ist alles vergeblich, was ich tue!"? – Die ganze Anstrengung, alle Mühe, die ich aufwende; der Einsatz an Zeit und Kraft: alles aussichtslos. – Es bringt nichts...

Wir bemühen uns um Frieden in der Ukraine, aber es werden nur Waffen geschickt … der Krieg findet kein Ende. – Und bei uns: Wir wollen ein wenig Wohlstand sichern für uns und unsere Kinder, aber wir sind in Sorge, wenn wir an die nächste Strom- oder Gasrechnung denken.

Haben wir Christen dem etwas entgegenzusetzen, wenigstens bei uns in der Kirche? – Gibt es so etwas wie einen ‚archimedischen Punkt', einen Standort außerhalb unserer selbst, der uns Halt gibt? – Oder versinken wir im Strudel der Depression: „Hat doch alles keinen Zweck, alles vergebens"?

Auch Propheten sind nicht frei von solcher Stimmung. Bei Jesaja lesen wir im 49. Kapitel: *„Ich aber dachte, ich arbeite vergeblich und verzehre meine Kraft umsonst und unnütz."*

Das Leiden an der scheinbaren Unveränderbarkeit der Verhältnisse klingt in diesen Sätzen nach. – Der Schreiber lebte am Ende des babylonischen Exils vor 2500 Jahren. Sein Volk war besiegt und seit Jahrzehnten gefangen, die Babylonier demonstrierten ihre Stärke, - ihre Übermacht ... Was hatte der „kleine" Gott Israels da noch zu melden? –

Der Prophet nimmt im 49. Kapitel des Buches Jesaja, im Gottesknechtslied, seine Situation zum Ausgangpunkt für eine Vision, die seit Jesaja in unserer Welt fortlebt ... Die Sehnsucht nach einer anderen Welt wird lebendig gehalten: Dieser

Mensch, der sich völlig nutzlos fühlte, wird zum *„Licht der Heiden"*, wird zum Heil bis an das Ende der Erden.

„Ich habe dich auch zum Licht der Völker gemacht, dass mein Heil reiche bis an die Enden der Erde."

Eine Hoffnung für alle: Die Mühsal wird überstrahlt von dem kraftvollen Ziel. Der müde, frustrierte Mensch hört: *„Ich habe dich auch zum Licht der Völker gemacht, dass mein Heil reiche bis an die Enden der Erde."*

Das ist das Ziel das Gott hat: Es soll ein Licht aufgehen zunächst für „Jakob" und „Israel" - Gottes Volk. – Dann wird die Großmacht Babylon überboten: Ein Licht soll aufgehen für alle Menschen ... Gottes Heil soll die Enden der Erde berühren. –

Eine Hoffnung, die einen weiten Bogen über die ganze Welt spannt.

Jesaja benutzt Bilder, um zu sagen, dass es keinen Zweifel an Gottes Willen, an seiner Entschlossenheit gibt. Gott hat seinen *„Mund wie ein scharfes Schwert"* gemacht, mit dem *„Schatten seiner Hand"* hat er ihn bedeckt ... Gott hat ihn zum *„spitzen Pfeil"* gemacht und ihn *„in seinem Köcher verwahrt"*. – Mit Bildern ermutigt Jesaja, dass es keinen Zweifel an Gottes Willen und seiner Entschlossenheit gibt ... Gottes Entschluss gleicht einer scharfen Waffe, die ihre Wirkung ausübt ... Durchschlagende Worte wie ein Schwert, Worte wie spitze Pfeile, die auf Entfernung treffen ... Gott hält seine Hand drauf, hält sie im Köcher verwahrt, so ist er bereit.

Jesaja ermutigt, weil er die menschlichen Zweifel kennt ... will Gott wirklich Heil, bei all dem Heillosen und Unheilvollem, das es auf dieser Erde gibt, und das Menschen einander antun?

Wie oft haben wir das Gefühl, dass das Schwert stumpf geworden ist. Es hat seine Schärfe verloren. – Der Pfeil ist platt und gar nicht spitz. – Er kommt zwar an, aber bleibt nicht stecken. – Unser Einsatz bewirkt so wenig oder gar nichts. – Enttäuscht und mutlos ziehen wir uns zurück, weil es ja doch nichts bringt.

Scheitern, versagen ist – so scheint es – vor Gott eine wichtige Lebenserfahrung, etwas, das zum Leben dazugehört ... Die schottische Schriftstellerin Rowling, die Erfinderin von Harry Potter, hat das versucht. Sie hat ihr eigenes Scheitern als Grundlage erlebt, auf der sie erst herausgefunden hat, was sie eigentlich will. In einer Rede vor Harvard-Absolventen erzählt sie, wie sie selbst im Studium versagt hat und mit all ihren Studienplänen gescheitert ist.[15]

Einer weltberühmten Autorin, die finanziell ausgesorgt hat, geht es womöglich leicht über die Lippen, trotzdem bleibt das Scheitern Teil ihrer Erfahrung.

Das Scheitern gehört zu unserem Leben ... Manchmal merken wir erst, nachdem wir hingefallen sind, was wirklich zählt ... Aber wir sind nicht am Ende. Selbst dann, wenn wir keine Möglichkeit mehr sehen: Gott hat etwas mit uns vor, gibt unserm Leben Sinn und Ziel.

Manche erleben sich als gescheitert, wenn etwas in ihrer Lebensplanung schief geht ... Dahinter steht die Idee, dass das Leben nichts anderes ist als eine Abfolge von Projekten, die erfolgreich absolviert werden müssen ... Je mehr wir denken, dass unsere Lebensplanung oder die unserer Kinder ein Projekt ist, dessen Gelingen wir in der Hand haben, wenn wir's nur richtig anpacken – umso größer wird die Angst davor, dass es nicht gelingt und die Beschämung, wenn Vorhaben nicht so enden, wie wir uns das vorgestellt haben.

---

[15] vgl. in: https://www.welt.de/kultur/literarischewelt/article171095381/Nur-wer-mal-scheitert-kennt-sich-wirklich-selbst.html (26. Oktober 2024)

Wir sehen nicht nur die eine oder andere Aufgabe, die vor uns liegt, als ein Projekt, sondern manchmal unsere ganze Lebensgestaltung: die Karriere, das Aufwachsen der Kinder, die Beziehung oder Ehe, alles wird zum „Projekt", das man nur gut genug in den Griff bekommen muss, damit daraus etwas wird ... Aber: das Leben ist kein Projekt ... Es ist ein Weg mit immer neuen Herausforderungen, mit Umwegen ... und, ja, auch mit Scheitern und Versagen ... Kinder lernen so das Gehen, sie stehen wieder auf, wenn sie hingefallen sind...

Es ist ein atemberaubender Gedanke, dass Gott einem, der scheitert, seine Botschaft an die ganze Welt anvertraut ... Dass er sich identifiziert mit einem, der von sich selbst nur sagen kann: ich arbeitete vergeblich und verzehrte meine Kraft umsonst und unnütz ... Diese Botschaft, dass Gott Licht und Heil für die Völker ist, wird nicht den Starken anvertraut, den Siegertypen, denen, die glauben, dass ihnen keiner etwas kann und dass sie alles richtig machen, ... es wird dem anvertraut, der seine Schwächen kennt und seine Ängste in Worte fasst.

So eine Frau oder ein Mann hat Empathie, kann mitfühlen mit anderen, die scheitern – und weiß, dass das Leben unabhängig davon einen Wert „an sich" hat ... mit all unserem Scheitern und unseren Erfolgen sind wir ein ganzer Mensch, von Anfang an gesehene und geliebt. – Dir und Ihnen wünsche ich, diese Erfahrung zum Leben. – Amen.

12. HAUPTSACHE GESUND?

22. Oktober 2022 – Jakobus 5,13-16

„Hauptsache gesund!", meine Oma hat das immer wieder gesagt, an Geburtstagen oder wenn ein neues Menschenleben beginnt, wenn darüber gesprochen wird, was im Leben wichtig ist: Hauptsache gesund(!) – aber was, wenn nicht? ... Wenn Sorgen um einen unklaren Befund ein Geburtstagsfest beschatten, wenn jemand erfährt, dass sie oder er mit Diabetes leben muss, mit Asthma oder Krebs? – Was, wenn das Baby eine Krankheit oder Behinderung hat? – Was ist, wenn wir mit fortschreitendem Alter bemerken, dass Augen und Ohren nicht mehr so scharf sind, ... dass die Gelenke ziehen, ... dass wir langsamer werden in unserem Denken, nicht mehr merken, dass wir diese Geschichte jetzt schon zum dritten Mal erzählen? ... oder wenn ich weiß, in ein paar Tagen oder Wochen werde ich nicht mehr leben...

„Hauptsache gesund!", das wünscht sich wohl jede und jeder von uns ... Ich bin froh, wenn ich ohne Erkältung, Grippe und Bronchitis über den Winter komme, wenn meine Kraft und Laune nicht durch Unwohlsein oder Schmerzen beeinträchtigt werden. – Ich kann es gut verstehen, dass Gesundheit ein hohes Gut und Teil dessen ist, was wir uns wünschen zu einem guten Leben.

Trotzdem wissen wir: auf ewige Kraft und Gesundheit zu setzen, ist eine Illusion ... in den Werbepausen des Fernsehprogramms wird uns immer wieder eingeredet, es ginge nur darum, die richtigen Pillen oder Salben zu nehmen: - da wird die Kraft der zwei Herzen angepriesen, - Wick MediNait für einen erholsamen Schlaf trotz Erkältung - und bei vielen Wehwehchen gibt es sicher etwas von ratiopharm...

Wenn ich dann am Sarg eines noch jungen Menschen stehe, dann bin ich ratlos und sehe die Endlichkeit dessen, was wir Menschen mit aller Medizin zu leisten vermögen ... dann weiß ich, dass auch das Gebet diese Frau oder diesen Mann am Körper nicht gesund machen konnte.

Der Jakobusbrief sagt im 5. Kapitel etwas dazu, und bei aller Schwierigkeit lohnt es sich, diese Verse genau anzusehen und darüber nachzudenken, ob sie für unser Leben eine Bedeutung haben.

„Leidet jemand von euch? - dann soll er beten ... und wer Grund zur Dankbarkeit hat, soll dem Herrn Loblieder singen" ... Wir werden zum Gebet ermahnt ... nicht nur, wenn es uns schlecht geht, auch im Glück haben wir Grund, uns an Gott zu wenden.

Nach einem Sprichwort beten wir eher, wenn es uns schlecht geht: „Not lehrt beten" ... Der Jakobusbrief zeigt auf, dass wir in Not und Freude ein Gegenüber in Gott haben ... In jedem Fall sollen wir uns an Gott wenden: mit unseren Ängsten und Sorgen, Schmerzen und Kümmernissen; und genauso mit unserer Zufriedenheit, mit Freude und Glück, mit unserem Dank.

Doch dann wird ein Zusammenhang aufgezeigt, bei dem wir sehr vorsichtig sein müssen, wenn wir es zueinander in Beziehung setzen: *„Ist jemand unter euch krank, der rufe zu sich die Ältesten der Gemeinde, dass sie über ihm beten und ihn salben mit Öl in dem Namen des Herrn. Und das Gebet des Glaubens wird dem Kranken helfen, und der Herr wird ihn aufrichten; und wenn er Sünden getan hat, wird ihm vergeben werden. Bekennt also einander eure Sünden und betet füreinander, dass ihr gesund werdet. Des Gerechten Gebet vermag viel, wenn es ernstlich ist."*

Ist Krankheit eine Strafe für Sünde(?), und müssen wir nur unsere Schuld bekennen und beten, um wieder gesund zu werden? – Wer so etwas zu einem Kranken sagt, ist unbarmherzig … Außerdem ist dieser Zusammenhang aus dem Jakobusbrief auch nicht so herauszulesen … Aber es gibt einen Zusammenhang zwischen Krankheit und dem, was auf unserer Seele lastet.

Im Jakobusbrief steht, dass wer krank ist, sich Beistand holen soll … Die Christen in seiner Umgebung können viel Gutes für ihn tun: Ihn versorgen, ihm helfen, für ihn einkaufen, die Kinder versorgen, - für ihn beten, ihn salben … Das alles wird zur Heilung des Kranken beitragen … Aber Heilung ist nicht identisch mit Gesundheit … Heilung ist mehr. – Mit Heilung ist gemeint: es wird gut … Gott richtet wieder auf, wir bekommen neue Kraft, Mut, Durchhaltevermögen, Geduld und Glaubensfreude … und der eine stirbt … und der andere wird in diesem Heil gesund.

„Hauptsache gesund?" … das glaube ich nicht. Der Schweizer Dichter Peter Bichsel schreibt: „Ich mag diesen Satz nicht. Die Kranken leben auch, und sie haben auch Wichtiges zu tun, mein Freund Dieter, der todkrank uns allen vor seinem Tod vorlebte, wie schön und lebenswert das Leben ist."[16]

Krankheit ist nichts Schönes, nichts Positives … Krankheit ist keine Prüfung, die Gott uns auferlegt, um uns zu testen. – Krankheit gehört einfach dazu, weil wir leben. – Manchmal bereichert eine Krankheit das Leben eines Menschen … Manch ein Schwerkranker, der eine schwere Krise überwunden hat, spricht davon, das Leben neu zu sehen, intensiver, bewusster, dankbarer … Krankheit soll überwunden werden, aber sie verändert

---

[16] Bichsel, Peter, Über das Wetter reden, Kolumnen 2012-2015, Berlin, 2015, S. 35

auch das Leben, die Einstellung zum Leben, das Zusammenleben mit anderen. – Sie ist eine Aufgabe.

Im Schmerz brechen Fragen in uns auf: Warum? – Warum gerade jetzt? – Warum so schlimm? ... Die Psalmen sie sind voll von diesen Fragen, von Klagen, von Unverständnis. – Die Frage nach dem Warum bleibt ohne Antwort ... Leid ist Teil des Lebens ... Ebenso wie es die Freude ist.

Nach dem Jakobusbrief können wir singen und beten ... klagen und schreien, um uns selbst ... um im tiefen Brunnengrund der Seele Gott zu finden.

„Hauptsache gesund?" – Leben ist doch mehr als gesund sein ... Heilsein ist mehr als körperliche Unversehrtheit ... Die Würde des Menschen hat nichts mit Vollkommenheit zu tun. – Es ist hohe Lebenskunst, Schwäche ins eigene Leben zu integrieren: Alter, Krankheit, den eigenen Tod.

Im Grunde gilt, was Grönemeyer singt: „Und der Mensch heißt Mensch / ... weil er schwärmt und glaubt / Sich anlehnt und vertraut / Und weil er lacht / Und weil er lebt". „Es ist ok / Alles auf dem Weg" ... Ja, so ist es ... So kann es sein. – Amen.

4. November 2022 – Lukas 17, 20-24

Im November werden die Tage dunkler, … mit den Gedenk- und Erinnerungstagen, wird uns vor Augen geführt, wie verletzlich unser Leben ist … wir können's nicht festhalten, … wie Sand zwischen den Fingern kann unser Leben verrinnen … das ist unsere Erfahrung, wenn ein Mensch, der ein selbstverständlicher Teil unseres Lebens war, nicht mehr da ist … vermittelt über Zeitung, Internet, Radio und Fernsehen hören und sehen wir, wie Krieg und Hunger weltweit das Leben bedrohen…

Wenn das Leben schwierig und unüberschaubar wird, wenn die Fragen nach dem „Warum" immer größer werden, wünschen sich Menschen eine große Veränderung. – Christen haben wortgewaltige Bilder, singen „O Heiland, reiß die Himmel auf", … dabei geschieht die Veränderung wahrscheinlich eher leise. Bei Lukas im 17. Kapitel sagt Jesus: Das Reich Gottes, die Herrschaft Gottes kommt nicht so, *„dass man es beobachten kann; man wird auch nicht sagen: Siehe, hier ist es! oder: Siehe, da ist es! Denn siehe das Reich Gottes, die Herrschaft Gottes sie ist mitten unter euch."*

„Das Reich Gottes ist mitten unter euch", aber eben nicht so, dass es klar beschreibbar wäre. Etwas leuchtet auf und gerät oft genug sehr schnell wieder aus dem Blickfeld … So verstehe ich auch den Satz Jesu: *„Wie ein Blitz aufleuchtet und leuchtet von einem Ende des Himmels zum anderen, so wird der Menschensohn an seinem Tage sein."*

Das Reich Gottes zeigt sich in besonderen und heilsamen Erfahrungen, an der Grenze von Leben und Tod, wenn Menschen sich, in und trotz Krankheit und Leid, von Gott getragen und bewahrt wissen … - wenn einige auch körperliche oder seelische

Heilung erfahren. – Das Reich Gottes ist auch einfach Alltag: ein freundliches Gespräch über den Gartenzaun oder ein Besuch zu einer Zeit, in der ich mich sehr einsam gefühlt habe … wenn Menschen nach einem Streit wieder beginnen aufeinander zuzugehen … Das ist noch nicht die endgültige Versöhnung, … aber es ist ein neuer Anfang … auch darin zeigt sich Gottes Reich.

„Das Reich Gottes ist mitten unter uns“. Wir können es spüren, wenn wir aufmerksam darauf achten.

Über Himmel und Erde, die sichtbare und die unsichtbare Welt, schreibt Peter Bichsel: „Die unsichtbare Welt – davon bin ich überzeugt – die ist von dieser Welt, und Gott hat sie geschaffen zusammen mit der sichtbaren, gleichwertig nebeneinander. Die unsichtbare Welt ist nicht etwa jene des Undergrounds, nicht jene der Mafia und auch nicht jene der unsichtbaren Nummernkonti auf Schweizer Banken. Die unsichtbare Welt ist jene, die in unseren Köpfen stattfinden könnte – all das, was man nicht kaufen, nicht besitzen kann, und was letztlich unser Leben lebenswert macht.“[17]

Manche Ereignisse nehmen uns im Leben gefangen, - berühren uns tief, - durchzucken uns, wie ein Blitz in der Nacht. – Für eine kurze Zeit ist das Bild der Nacht völlig verändert und wir sind von dem Eindruck noch lange berührt … wie ein Blitz in unserem Leben, in dem wir plötzlich begreifen, dass Gott in unserem Leben präsent ist … uns begleitet.

Wo dieser Blitz aufleuchtet, das können wir nicht vorhersagen. Deshalb kann eben auch niemand sagen: Hier ist das Reich Gottes, oder dort ist die Herrschaft Gottes … Die Herrschaft Gottes ist gegenwärtig, sie ist mitten unter uns, auch wenn wir

---

[17] Bichsel, Peter, Möchten Sie Mozart gewesen sein?, Stuttgart, 1999

sie nicht wahrnehmen ... Sie blitzt auf, leuchtet auf, wird erkennbar für den Glauben ... und diese Erfahrung verändert das Leben: die Geburt eines Kindes, ein Wunder der Schöpfung; gemeinsame Zeit mit Kindern, Enkeln und Freunden, - ein Unfall, den wir überleben oder dem wir entgangen sind ... wie ein Blitz leuchtet auf: mein Leben ist bewahrt. – Für andere ist es ein Leidensweg, in dem sie dann doch die Kraft erhalten haben, weiterzugehen. - Oder die Liebe zu einem Menschen, die uns trifft, uns anrührt und bewegt ... Es leuchtet auch auf, wenn Menschen Widerstand gegen Gewalt leisten oder helfen Mauern abzutragen. – Überall kann das Reich Gottes aufblitzen, überall können wir erleben, dass uns Gottes Herrschaft bewusst wird.

Und doch bleibt eine Spannung zwischen dem „Jetzt schon" und „Noch nicht ganz". Ernesto Cardenal beschreibt es so: „Wir sind noch nicht im Festsaal angelangt, aber wir sind eingeladen, sehen schon die Lichter, hören schon den Klang der Instrumente. So beflügelt, mit dem Schein des Lichtes vor Augen, den

Klang der Instrumente in den Ohren, den Geschmack des Weins auf der Zunge und dem Ziel im Herzen, können wir uns den Mächten stellen, die unser Leben beeinflussen wollen. ‚Das Reich Gottes ist mitten unter euch'."

Jesus wird nicht ungeduldig, verfällt auch nicht in Panik, wenn er an das Ende der Zeit denkt. „Er lebte nicht für etwas, was kommen sollte, sondern für das, was um ihn herum war, für den Anblick der Lilien auf dem Felde und die Vögel unter dem Himmel, den Lärm der Kinder, die Flöte spielen oder Klagelieder sangen, Hochzeit spielten oder Beerdigung, für Menschen, die ihn in Beschlag nahmen und ihn nicht in Ruhe lassen konnten"[18]. – Er lebte in einer befreiten Aufmerksamkeit für die Gegenwart ... ohne von der Vergangenheit festgehalten zu werden ... und ohne in die Zukunft zu flüchten.

Wenn uns die Zeit bewusst wird, erleben wir hin und wieder selbst, wie die Zeit stillsteht und der Augenblick in die Ewigkeit hineinreicht ... „Dann hat Gott unter uns schon sein Haus gebaut, dann wohnt er schon in unserer Welt. Ja, dann schauen wir heut schon sein Angesicht in der Liebe, die alles umfängt."[19] – Amen.

---

[18] Hansen, Knud, Om at haver mod til livet, dt. Vom Mut zum Leben, S. 238
[19] EG (KW) 632, GL 470

14. LEBEN … EIN GESCHENK

20. November 2022 – Lukas 12, 42-48

Wir erinnern an unsere Toten … gut, wenn wir dabei nicht allein sind … Wir trauern gemeinsam … und doch trägt jede/r eigene Trauer, um je einen anderen Menschen. - Jede Lebensgeschichte ist einzigartig … und wertvoll…

Ich kann mich an eine Zeit erinnern, in der mir Menschen mit 30 Jahren uralt vorkamen, so als hätten sie das Beste im Leben schon hinter sich … heute höre ich von manchen: „man müsste noch mal dreißig sein"… aber wer möchte das wirklich … Manchmal wäre es schön, die Zeit anhalten, - ja mehr noch die Uhr zurückstellen zu können … Aber dieser Gedanke vermag nicht lange zu faszinieren, es lässt sich ja nichts wiederholen … und nicht jede Erfahrung, Veränderung im Leben schreit nach Wiederholung. – Bleibt eher das Gute in Erinnerung oder schieben sich die Bilder in den Vordergrund, die wir lieber abschütteln und loswerden möchten? - Wonach sollten wir uns zurücksehnen? –

Das Glück mit der Familie, - die ausgelassenen Stunden mit Freunden, - die unbeschwerte Gedankenlosigkeit, … manchmal drohen all diese Erfahrungen schneller zu verblassen als die schmerzhaften, die traurigen, die vielen Abschiede von Chancen, Möglichkeiten … und Menschen.

Wenn ich die Zeitung aufschlage, wandert mein Blick auch zu den Todesanzeigen: manche halten das für ein untrügliches Zeichen des Älterwerdens … die Auseinandersetzung mit Sterben und Tod lässt sich nicht mehr so einfach beiseiteschieben, wie in den Jahrzehnten zuvor … Es ist nicht mehr die „Ewigkeit" von fünfzig, sechzig oder siebzig Jahren, die ich vor mir habe … vielleicht noch zwanzig … wer weiß schon, wie lange er noch lebt ... Gelegenheit, den Weg der Kinder und Enkelkinder zu verfolgen, ... hoffentlich körperlich und geistig fit genug, um nicht abgehängt zu werden.

So geht es mir durch den Kopf, als ich wieder einmal in einer Anzeige lese von dem einen Kampf, der verloren gegangen ist und der so viele Menschen ratlos und traurig zurücklässt ... Da hat also jemand gegen seine tödliche Krankheit um das Leben gekämpft ... oder wollten die Angehörigen sagen, dass das ganze Leben doch nur ein Kampf sei mit dem Trost, dass dieser nun zu Ende gegangen ist und hoffentlich Frieden nach allem herrscht? –

Das Leben kann doch nicht nur Kampf um Liebe, Anerkennung, Erfolg, Glück und Zufriedenheit sein, ... im Wettstreit mit anderen um den Platz an der Sonne, ... atemlos nicht nur durch die Nacht, sondern durch das ganze Leben... Wo bleibt da das Spiel, die Musik, die Liebe, das Leichte und Unbeschwerte...? – Leben ist mehr als Überleben, ist doch auch Innehalten und Gestalten, ist das Verharren im kostbaren Augenblick...

Dann lese ich: „ausgehalten hat sie bis zum Schluss" und denke: „ich will nicht nur aushalten und durchhalten, - darauf warten, dass ich es endlich, also am Ende geschafft habe ... Das habe ich schon oft genug mitansehen müssen."

Es mag sein, dass auch für mich der Augenblick kommt, wo ich spüre, dass alles gut war und dass es Zeit ist, nun loszulassen, ... aber vorher ist das Leben auch das Geschenk der vielen kostbaren Augenblicke ... Ich will nicht nur aushalten, ich will auch träumen, mich freuen, meine Sehnsucht spüren, auch die Enttäuschung, wenn sich nicht alles verwirklichen lässt ... Ich will spüren, dass ich lebe ... im Auf und Ab, im Wechsel von Licht und Schatten...

Die Wahrnehmung der Zeit hat sich verändert ... seltsam, dass Sekunden, Minuten und Stunden unveränderlich vergehen, ... sie uns manchmal aber so flüchtig und manchmal so unendlich vorkommen.

Als Kind konnte ich die Zeit beim Spielen vergessen ... und bekam nichts mehr mit von dem, was um mich herum passierte, ... ich war ganz aufgehoben in der Gegenwart, die ich mir erspielte, erträumte, ... ganz Kind, ... wie alle glücklichen Kinder, denen Raum und Zeit für das Spiel des Lebens gelassen wird. – Später verstand ich nicht, warum Zeit manchmal so schnell und manchmal nur so langsam vergehen wollte...

Vielleicht ist das die Kunst des Lebens, ein gutes Gleichgewicht zu finden zwischen Arbeit und Spiel, ... Fließen und Stillstehen der Zeit, ... zwischen gelöster Gedankenlosigkeit und Freiheit den Wochen, Monaten und Jahren gegenüber ... und dem bewussten Auskosten der Momente, die mir geschenkt sind.

Diese Gelassenheit kann ich mir nicht erarbeiten oder erkaufen ... Sie ist ein Geschenk, dass ich finde, wenn ich mich in Gottes Hände fallen lasse, - ihm kommt so die letzte Sorge für mein Leben zu ... Ewigkeit ist nicht mein Werk, sie ist sein Maß, sein Wesen. – Meine Sache ist Geborenwerden und Sterben ... Ich vertraue darauf, dass sich beide Welten, meine und Gottes Welt, im Augenblicke des Todes berühren, ... dann, wenn meine Zeit an ihr Ende kommt ... und ich Gottes Ewigkeit begegne.

Diese Berührung von Zeit und Ewigkeit ist für mich Gottes Wille, der im Leben manchmal verborgen bleibt, ... fraglich scheint, weil Leben so unterschiedlich und ungerecht sein kann und Menschen im Kleinen wie im Großen so friedlos und unversöhnlich bleiben ... Gerechtigkeit braucht da noch einmal einen neuen Anlauf, damit am Ende alle zu ihrem Recht gekommen sind, - dem Recht auf Leben, - auf Liebe, - auf Anerkennung und Würdigung ihrer unverwechselbaren Einmaligkeit ... im reichen Europa, in der kriegsgeplagten Ukraine, im Jemen und anderen Ländern, in denen Menschen verhungern.

Gottes Willen kann ich am Kreuz finden, ... nicht, weil er das Kreuz will, ... aber: weil er den Leidenden aufsucht, ... den ungerecht Leidenden ebenso wie den Traurigen und Einsamen, ... den Verlorenen und schuldig gewordenen, der die Schatten der Vergangenheit nicht abschütteln kann, ... aber auch den, der sich keine Zukunft mehr zutraut.

Gott holt uns alle in den Tiefen unseres Lebens ab ... Er zeigt uns das Land der Ewigkeit, das vor uns liegt ... Am Ostermorgen ist der Stein weggerollt, der Blick in das Zukunftsland frei, ... der Traum von Gottes Welt bekommt neue Nahrung und seine eigenen Bilder, ...

Dann wird es mir ganz leicht, meine Verstorbenen, an die ich heute denke, - die Menschen mit denen ich mein Leben gerade eben noch teile - und auch mich der Ewigkeit Gottes anzuvertrauen. – Im Leben muss es doch mehr als alles geben, ... ich warte auf Gottes Ewigkeit, die an ihrem Tag und zu ihrer Zeit kommt ... bis dahin möchte ich Tag um Tag mein Leben wahrnehmen, - als Herausforderung, - als Aufgabe, - als Geschenk. – Amen.

15. WER HOFFT, SIEHT HIN

8. Dezember 2022 – Jesaja 35, 3-10

Advent … Zeit der Erwartung, … Aus der Erinnerung steigt die Erwartung auf: Es gibt mehr als das, was wir alltäglich vor Augen haben...

Der Lichterglanz der weihnachtlich geschmückten Straßen und Häuser weckt Erwartungen: Kinder erwarten das große Fest … die Tage zählen sie gespannt am Adventskalender, wie viele es noch sind, bis sie vielleicht die sehnsüchtig erwartete Puppe oder etwas anderes bekommen, was sie sich schon so lange wünschen, … gut, wenn ihnen die Kraft der Erwartung erhalten bleibt, … gut, wenn Erwachsene sich immer wieder an Erwartungen der Kinderzeit erinnern können.

Daneben gibt es auch bange Erwartung: Wird die Familie noch einmal zusammenfinden - oder werden alten Gräben wieder aufbrechen? – Schlechte Erinnerungen provozieren schlechte Erwartungen.

Trauernden können bange Erwartungen haben: Wie soll ich die Festtage begehen ohne meinen verstorbenen Partner? - Werde ich das Alleinsein ertragen?

Was mögen die Erwartungen der Menschen in Kriegsgebieten sein? Wann ist der nächste Raketeneinschlag zu erwarten? Was sind die Erwartungen der Gefangenen in Lagern oder der Menschen, die geflohen sind? –

Bange Erwartungen machen Angst, … und sie machen müde, so erlischt die Kraft der Erwartung ... Wir können das sehen: müde Menschen mit zerstörten Erwartungen gehen gebeugt, mit gesenktem Haupt und schleppendem Schritt…

Im Buch des Propheten Jesaja (35. Kapitel) wird ihnen und uns Mut zugesprochen:

„Stärkt die müden Hände und macht fest die wankenden Knie! ... Gott kommt und wird euch helfen. Dann werden die Augen der Blinden aufgetan und die Ohren der Tauben geöffnet werden. Dann werden die Lahmen springen wie ein Hirsch, und die Zunge der Stummen wird frohlocken. Denn es werden Wasser in der Wüste hervorbrechen und Ströme im dürren Lande."

Was für ein Traum: ... die verkarsteten Berge überzogen mit frischem Grün; ... aus trockenem Sand sprudeln die Quellen; ... die junge Saat durchbricht den nassen Asphalt; ... die Worte „Rollstuhl", „Blindheit", „Krebs" sind vergessen; ... Bilder von Panzern und Bomben sind nur noch im Fremdwörterlexikon oder in archivierten ur-alten Filmrollen zu sehen ... schlaflose Nächte gibt es nur noch der Liebe wegen ... oder der Vorfreude auf morgen ... Die Menschen sind einander verbunden ... in ihrer Liebe zu Gott und ihren Mitgeschöpfen ... die Natur erobert die Wüste zurück ... zuversichtlich und tatbereit ... Hand in Hand gehen die Menschen ihren Weg in die Zukunft...

Genug geträumt ... Gegen alle schönen Träume steht immer noch - und immer wieder die schnöde Wirklichkeit: heiße lebensfeindliche Wüste ... vertrocknetes Land.

Muss ich die Wüste beschreiben? ... von „a" wie Altersarmut, „k" wie Klimakatastrophe, „n" wie Naziterror, „w" wie Waffenhandel ... bis „z" wie Zukunftsangst.

Alles ist drin im wüsten Land, gesellschaftliche Herausforderungen, die wir nicht, auch nicht ansatzweise, gelöst hätten, ... wen wundert es da wirklich, dass sich die „Letzte Generation" gegen die Ignoranz wehrt? –

... und dann sind da noch die vielen kleinen und großen Wüsten meines privaten Lebens ... die lebensfeindlichen Einöden meiner Seele: Schuld und Verlassenheitsängste, ... Selbstzweifel, Burnout, „ichkannnichtmehr", kein Ausweg in Sicht ...die

Hände müde vom vergeblichen Tun, die Knie wankend ... Pudding in den Waden vom endlosen Laufen ... vom Hinterherlaufen ... hinter der Zeit, hinter den Anforderungen, hinter dem Leben.

Wüsten lassen sich nicht vergleichen, aber sie sind immer lebensfeindlich.

Vertröstungen helfen nicht.

Jesaja malt Bilder ... klare starke Hoffnungsbilder, um seinem Volk in der babylonischen Gefangenschaft zu neuen Kräften zu verhelfen: siehe, da ist euer Gott, er kommt zu euch ... und die Wüste blüht ... Blinde sehen ... Lahme gehen ... Stumme lachen ... die Wüste wird zum Ort des Lebens, ... eine sichere Straße führt hindurch, aus dem heißen trockenen Sand sprudeln Quellen des Lebens.

Da stockt einem der Atem ... das klingt märchenhaft ... utopisch ... Jesaja ein Träumer aber kein Phantast ... Seine Traumwährung ist gedeckt ... durch eigene Erfahrungen ... durch die Erfahrungen seines Volkes...

Doch wann, wann wird das sein, was Gott durch den Propheten sagt? – Es gibt noch Leid und Tränen, ... unsere Welt ist schön, aber kein Paradies ... bleiben Jesajas Worte, bleibt unser Mutmachlied eine Fata Morgana, immer wieder angestimmt, immer wieder erhofft, ersehnt - und immer wieder wie nichts verschwunden? ... eine trügerische Täuschung? ... ein Mutmachlied ohne Grund ... ein Sehnsuchtslied ohne Ziel? –

Gott ist am Werk ... auch wenn wir es manchmal nicht sehen.

Es kommt darauf an, das Morgen schon mitzusehen ... So wie der Mann mit dem Guck ... Eine jüdische Geschichte erklärt es: Zwei Chassidim, zwei Fromme, debattierten über die seherischen Kräfte ihrer Rabbinen. „Unser Rabbi hat gesehen, dass am Passah in Berditschew eine neue Synagoge stehen würde.“

„Ich war Passah dort. Man betet nach wie vor in der alten, baufälligen Schule", protestiert sein Gegenüber. „Das ist unwichtig. Was zählt, ist der Guck. Unser Rabbi weiß, dass Berditschew eine neue Schule braucht, und er tut alles, dass sie kommen wird."…

Der Mann mit dem Guck ist einer, der sieht, … der schärfer sieht, … das Morgen schon mit-sieht, … der die Welt als Werdewelt Gottes sieht, … eine Welt in Arbeit … und er tut alles, dass sie kommen wird.

Es ist gut Träume und Hoffnungen zu haben … Nicht um uns aus der Wirklichkeit wegzuträumen, sie zu verdrängen … oder uns vertrösten zu lassen … Träume und Hoffnungen, die uns den Blick wieder aufrichten lassen, so, wie Elie Wiesel es mal gesagt hat: „Wer hoff, sieht hin!"

So gehen wir durch diese Adventszeit: voller Zuversicht … allen Wüstenerfahrungen zum Trotz … an der Seite des Christus, dessen Kommen wir erwarten, kann uns selbst die Wüste zur blühenden Landschaft … und eine Schotterpiste zum Weg des Heils werden.

Unsere Welt ist eine Welt in Arbeit, die Werdewelt Gottes … Er ist am Werk. – Amen.

10. Dezember 2022 – Offenbarung 3, 7-13

Ich mag Adventsmärkte … mit allen Sinnen spiegeln sie unsere Sehnsucht nach Licht. Wir spüren, wie Leib und Seele zusammenhängen, der Duft von Glühwein, Gebackenem und Gegrilltem hebt die Stimmung … Die Lichter leuchten gegen das Dunkle an.

Wenn die Tage „kürzer" werden, können wir Kerzen entzünden oder elektrisches Licht anschalten, - bei den anderen Dunkelheiten sind wir hilflos, wenn das Leben durch Krieg, Klimakatastrophe, Ungerechtigkeit, Gewalt und Lüge bedroht wird.

Solche Schrecken werden auch in der Offenbarung des Johannes beschrieben: die Weltmacht Rom als die große Hure Babylon, die sich mit jedem einlässt, an dem Geld zu verdienen ist; der Herrscher und Kaiser als Antichrist, der sich vorgenommen hat, die Christenheit zu vernichten, und alle Gräuel und schlimmen Dinge, die wir uns überhaupt nur ausmalen können … für die ersten Leser und Hörer der Offenbarung war das Wirklichkeit.

Doch dann lesen wir im 3. Kapitel der Offenbarung: *„Ich habe vor dir eine Tür gegeben, die niemand mehr zuschließen kann."* Ich habe dir eine Hoffnung gegeben, die niemand zunichtemachen kann … nicht andere Menschen, nicht die Weltgeschichte, nicht du selbst … Ich habe dir eine Zukunft gegeben, die in meiner Hand liegt…

Gottes Licht scheint in jede Finsternis dieser Erde hinein … und begrenzt die Finsternis … Kein Dunkel ist so groß, dass Gott nicht den Weg dorthin findet.

Gott wohnt nicht nur bei den Glücklichen, den Erfolgreichen, - nicht nur bei den Jungen, Starken und Schönen, nicht nur bei den Anständigen und Frommen, ... er wohnt auch bei den schuldig gewordenen, bei den Entwurzelten, bei den Verwahrlosten und Verwilderten ... bei den Zweifelnden ... „Gott will im Dunkel wohnen und hat es doch erhellt", so schreibt Jochen Klepper.

Das ist das Thema dieses sechsten Sendschreibens aus der Offenbarung des Johannes: Gottes Licht leuchtet hinein bis in die dunkelsten Dunkelheiten unserer Not, unseres Glaubens, unserer Zweifel, ... unseres Alleinseins.

Es ist nicht mehr alles Dunkel ... und alle Katzen grau, da scheint ein Licht ... da werden auch Schatten sichtbar ... Deshalb war die Adventszeit früher einmal eine Fastenzeit – weil wir uns, wenn Gott kommt und Licht macht in unserer Welt und unserem Leben, auch mit unseren Schatten auseinandersetzen müssen ... Deshalb haben die älteren Adventslieder Texte wie „Wie soll ich dich empfangen, und wie begegne ich dir?" – oder: „Mit Ernst o Menschenkinder das Herz in euch bestellt".

„Ich habe vor dir eine Tür gegeben, die niemand zuschließen kann"...

Türen

Manchmal stehen wir vor verschlossenen Türen.

Bedrückt.

Oder neugierig. Wer weiß, was dahinter vorgeht.

Manch einer soll schon an Gittern gerüttelt haben:

Ich will da rein.

Manchmal öffnet sich eine Tür auf wundersame Weise.

Eine große Chance.

Vielleicht auch eine Falle. Eine Fall-Tür.

Manchmal rennen wir offene Türen ein.

Manchmal schlagen wir Türen hinter uns zu.

Manchmal fallen wir mit der Tür ins Haus.

Manchmal lassen wir uns ein Hintertürchen offen.

Bald steht Weihnachten vor der Tür.

„Siehe, ich habe vor dir eine Tür aufgetan, und niemand kann sie zuschließen."

Johannes sieht: Die Tür ist offen ... Befreiung. Das klingt paradox, denn die Realität des Verbannten auf der Felseninsel gleicht einem Gefängnis.

So hat Dietrich Bonhoeffer die Tür, die Johannes vor Augen steht, mit einer Gefängnistür verglichen. „So eine Gefängniszelle ist übrigens ein ganz guter Vergleich für die Adventssituation; man wartet, hofft, tut dies und jenes – letzten Endes Nebensächliches – die Tür ist verschlossen und kann nur von außen geöffnet werden"[20], schreibt Bonhoeffer aus dem Gefängnis.

„Siehe, ich habe vor dir eine Tür aufgetan, und niemand kann sie zuschließen."

Bei dem Versuch zu verstehen, wie das sein kann, stelle ich mir Gott als umgreifende Verbundenheit vor, - als Kraft der Beziehung, Gott als liebende und mitleidende Verbundenheit, die unsere Alltäglichkeit enthält ... und übersteigt ... Gott, der sich ereignet und zeigt in lebendigen, Freude und Schmerz teilenden Beziehungen zwischen Geschöpfen ... Dies bunte Gewebe aus vielen Netzen, der Versuch eines Bildes ist beschränkt, wie jeder unserer Versuche, Gott mit allen Sinnen zu erfassen...

Gott kommt in diesem Bild nicht glanz- und machtvoll daher ... Es ist klein in der Krippe, - ärmlich, verletzlich am Kreuz von Golgatha, ... in den Schmerzen unendlich vieler Geschöpfe begegnen wir dem leidenden Gott auf der Seite der Opfer ... und trotzdem sehe ich zarte Verbundenheit, trotz der Ärmlichkeit

---

[20] Bonhoeffer, Dietrich, *Brief an seinen Freund Eberhard Bethge, Gefängnis Berlin-Tegel am 21.11.1943*

des Einzelnen, eine festlich-warme Buntheit, beschützend unterstützend, Raum gebend für Atem und Entfaltung ... Wenn Gottes Gegenwart unter den Menschen so aussieht, dann kann ich mir vorstellen, dass dies ein Ort ist, wo „*Tränen abgewischt*" werden, wo jede / jeder vom Wasser des Lebens trinkt...

In jedem von uns steckt „Das-von-Gott" als Fähigkeit zum Mitsein ... damit verwandeln wir ein Stück die Welt ... Es kommt vor, dass wir diese Kraft vergessen ... oder noch nicht erkennen können.

Bei Kurt Marti[21] lese ich
dunkle leuchtende höhle
wo wir
wärme suchen und zuflucht
bei feuer und freunden
schöne höhle du gott
in der wir
immer schon gingen
und wussten es nicht...
– Amen.

---

[21] Marti, Kurt, Die Liebe geht zu Fuß, Zürich, 2021, S. 59

16. ZERBRECHLICHE WEIHNACHTEN

Nichts ist so zerbrechlich wie eine Weihnachtsfeier ... davon berichten Weihnachtsgeschichten, die sich mit dem kläglichen Scheitern von besinnlichen Stunden befassen, was ehrlich gesagt keine große Kunst ist. – Groß ist die innere Erwartungshaltung und es genügt schon ein falscher Ton, ein mühsames Dankeschön für ein offensichtlich völlig daneben liegendes Geschenk und schon ist die Heilige Nacht beim Teufel ... Ganz zu schweigen von der stundenlang zubereiteten Flugente, die entweder auf dem Teller zerfällt oder wahrscheinlich mehr als zehntausend Flugstunden in der gebräunten Brust hat ... nichts ist so zerbrechlich wie eine Weihnachtsfeier.

Für Weihnachten reservieren wir in unserem Herzen einen Innenraum, den wir „alle Jahre wieder" mit zitternder Hoffnung betreten: Das Jahr über war er zugeschlossen und wir draußen in der bösen Welt ... Jetzt an Weihnachten würden wir in ihm gerne unsere Ruhe haben ... und die böse Welt draußen lassen ... und „alle Jahre wieder" lässt sie uns dann doch nicht allein.

Geben wir's auf ... Geben wir's auf, der Weihnacht einen stillen Winkel in unseren Herzen zu dekorieren und ihn mit falscher Hoffnung anzufüllen ... Dort wird kein Christkind geboren, sondern der jährliche Frust ... An Weihnachten kommt Gott nicht in die Herrgottswinkel dieser Erde, sondern zur Welt ... und zur bösen ganz besonders ... dort soll Weihnachten sein.

Von nichts anderem singt der große Lobgesang der Maria (Magnifikat) im 1. Kapitel des Evangeliums nach Lukas ... Maria hält keinen Vortrag ... Sie singt. – Es mag sein, dass sich mancher nur beim Duschen oder wenn er allein ist, zu singen traut, aber Lieder tragen wir nicht im Keller oder im stillen Kämmerlein vor ... Sie wollen zu Gehör bringen ... Das Lied der Maria will den zu Gehör bringen, von dem es singt: *„Meine Seele erhebt den Herrn, und mein Geist freut sich Gottes, meines Heilandes, denn er hat die Niedrigkeit seiner Magd angesehen."* – Zur Weihnacht schaut Gott mit dem Blick seines Herzens in die finstere Welt; sieht dort Maria und jeden von uns; schaut hinein in die Winkel des offensichtlichen und versteckten Elends, das sich an Weihnachten besonders schlecht verstecken kann. – Erschreckend ist das ... und tröstlich; denn Gott belässt es nicht beim Hinschauen ... Er schickt sich in unsere Menschlichkeit hin, um als Mensch bei uns zu sein. –

Sein Erbarmen und seine Menschwerdung sind eins ... Erbärmlich sind die Umstände seiner Geburt und erbärmlich ist der Säugling, um den die Engel schweben; ... wie wir alle angewiesen auf die Brust der Mutter, auf die Zuwendung seines Vaters und die Wärme der Tiere ... Seht hier ist Gott und gleichzeitig wahre Menschlichkeit.

Weihnachten macht Maria nicht größer ... und auch keinen von uns ... Gott zeigt uns unser wahres menschliche Maß als ein gutes und geliebtes. – Deshalb gilt: *„Er übt Gewalt mit seinem Arm und zerstreut, die hoffärtig sind in ihres Herzens Sinn. Er stößt die Gewaltigen vom Thron und erhebt die Niedrigen. Die Hungrigen füllt er mit Gütern und lässt die Reichen leer ausgehen."* – Maria kennt ihn gut, aus den Zeugnissen ihres, ... des jüdischen Volkes ... Gott erhebt die Niedrigen, wie David, wie Jeremia, wie Kain ... und er stößt die Mächtigen vom Thron, wie Isebel, wie den Pharao, wie den Judenfeind Haman im Estherbuch ... Gott sättigt die Hungernden, wie das Volk in der Wüste, wie die Witwe am Bache Krit, wie den Beter des Psalms *„im Angesicht seiner Feinde"* ... und die Reichen gehen leer aus,

... wie der Kornbauer, wie die Feinde des Amos, die Vertriebenen des Jerusalemer Jesajas ... Maria kennt ihn gut, ihren Gott.

„Er übt Gewalt mit seinem Arm und zerstreut, die hoffärtig sind in ihres Herzens Sinn. Er stößt die Gewaltigen vom Thron und erhebt die Niedrigen. Die Hungrigen füllt er mit Gütern und lässt die Reichen leer ausgehen.“ – Das ist nicht die Umwertung aller Werte und auch nicht die religiöse Variante von der sozialistischen Gleichheit aller ... Hier handelt Gott, der dem entmenschlichten Menschen seine Menschlichkeit zurückgibt ... und den, der ein Übermensch sein will, auf das menschliche Maß zurückstutzt.

Gewaltig und gewalttätig kommen nicht nur Diktatoren oder die, die wieder rechte Parolen brüllen ... Gewaltig und gewalttätig kann auch das vermeintlich Gute werden, das sich der Welt verordnen will ... und sich dabei notfalls den Weg freischießt. – Gewalttätig ist die Macht der Geschäftemacher, die für den billigen Profit die Leerfischung der Meere, die Zerstörung der Lebensgrundlagen riskieren ... - Gewalttätig ist jede Form der scheinbaren Steigerung des eigenen Lebens auf Kosten des anderen und des künftigen Lebens...

Hinrich Stoevesandt fragt: „Führt nicht z.B. die innere Verelendung bei materiellem Überfluss, in und um uns, erschreckend vor Augen, wie Gott die Reichen leer lässt?“ –

Es ist stimmig, die Freude über Gott auch auszudrücken, ... den Jubel, den er weckt, auch zu singen, ... die Wärme, die er auslöst, auch zu genießen, ... das Glück, das er schenkt, auch zu bedanken, ... den Trost, den er gibt, auch anzuerkennen, ... – Das Magnificat ist auch eine gute Übung im Danken und Loben Gottes, dass uns so oft abgeht, weil wir viel zu oft verrechnen als zu danken, ... abwägen statt zugreifen, ... wiegen und zählen ... statt lachen und weinen.

„Meine Seele erhebt den Herrn und mein Geist freut sich Gottes." –

In den Tagen bis zum Heilig Abend sollten wir nicht vergessen: Gott liebt das Kleine ... Seine Wahl, im Kind zu erscheinen und nicht als Erwachsener zur Welt zu reisen, spricht Bände ... Sich von einem Menschen austragen zu lassen, klein zu sein, anstatt wie ein himmlischer Blitz und Engel herabzufahren, sich in die Hände der Menschen zu begeben von Anfang an, verweist auf die Vorliebe Gottes zu den Kleinen ... „gott gerneklein"[22], weiß Kurt Marti.

Gott erhebt uns und andere, die immer wieder niedrig sind: ... niedergeschlagen in Krankheit und Sorge; ... ganz unten in Traurigkeit und Trauer; ... herabgewürdigt mit kurzen Worten anderer, erhebt uns Gott aus dem Staub, ... wie er uns einmal aus dem letzten Staub erheben wird in sein ewiges Reich. –

Sollten wir nicht, bevor wir „die Tore hoch und die Türen in der Welt weit machen", seine Kleinheit erkennen? – Gott passt durch die Stallritzen, ... Jesus ging durch Wände, und durch Herzenswände. –

Dann können wir uns auf den Weg machen ins Kleine, zu den Kleinen ... So erheben wir ihn wohl am besten, und können uns darüber freuen, dass er selbst das Kleine ... die Kleinen ... uns Kleine ... sucht ... und findet ... und erhebt. – Amen.

---

[22] Marti, Kurt, gott gerneklein, Stuttgart, 1995, S. 10

24. Dezember 2022 – 1. Timotheus 3, 16

Um ein Geheimnis geht es heute Abend. – Weihnachten hat mit Geheimnis zu tun ... vielleicht begegnet uns deshalb so viel Geheimnisvolles in diesen Tagen: die Lichter auf unseren Straßen und in unseren Häusern, die vielen Geschenke, liebevoll eingepackt ... und wie ein Geheimnis gehütet, sind Umverpackung dieses einen großen Geheimnisses von Weihnachten. – So, wie in den Wohnzimmern heute Abend oder morgen die Geschenke ausgepackt werden, so wollen wir uns nun daran begeben, unser Weihnachtspäckchen, unser Weihnachtsgeheimnis auszupacken.

Mit dem Weihnachtsgeheimnis ist das so eine Sache ... Wir Erwachsenen haben schon mal hinter den Vorhang geschaut ... Jahr für Jahr hören wir die Geschichten, Jahr für Jahr singen wir die Lieder. Alles ist uns so vertraut ... Ich habe den Eindruck, wir feiern jedes Jahr das Weihnachten unserer Kindheit ... Wir träumen und sehnen uns zurück in die Zeit, als wir schier platzen vor innerer Anspannung auf Weihnachten ... Was gäben wir dafür, wir könnten das scheinbar Vertraute wieder gegen das Geheimnis eintauschen. – Dieser Rückweg ist uns verbaut ... womöglich können wir trotzdem noch etwas entdecken ... und staunen.

Im, 1. Brief an Timotheus schreibt Paulus: *„Und groß ist, wie jedermann bekennen muss, das Geheimnis des Glaubens: Er ist offenbart im Fleisch.“* – Was für ein Geheimnis wird da gelüftet in Bethlehem? – Das ein Kind namens Jesus geboren wird, dessen Eltern Josef und Maria sind? – Da können wir kaum von einem Geheimnis sprechen, - das ereignet sich ähnlich tausende Male in einer Nacht auf dieser Erde. - Da schwebte eben kein Heiligenschein über der Krippe ... und die Engel haben wohl nicht so laut und offensichtlich vom Himmel getönt, als wenn bei uns nachts die Sirenen alle Aufmerksamkeit auf sich ziehen. – Nichts davon ... Die breite Masse hat von alledem nichts mitbekommen ... und doch: *„wer Ohren hatte zu hören und Augen zu sehen"*, der konnte ein Geheimnis entdecken.

Was wollt ihr sehen? – Was sucht ihr? ... Die heile Welt von Bethlehem ist eine verklärte Wunschvorstellung unserer Sehnsucht. Die gab es nicht und die gibt es nicht ... Weihnachten ist niemals so gewesen. – Weihnachten braucht nicht die Beschaulichkeit und Harmonie als dezente Hintergrundszenerie eines kosmischen Ereignisses ... Weihnachten ereignet sich mitten in der Welt ... Mitten in der Welt, in der die einen feiern und die anderen mit dem Tode ringen ... Wo Geborenwerden und Sterben so dicht zusammen liegen ... - Für einen winzigen Augenblick mag die Weltenuhr vielleicht stehen geblieben sein, oder sie kam ins Rucken, und schon ging es weiter; wie in der Zeit davor und in den 2000 Jahren danach. Weihnachten ereignet sich einfach mitten in unserer Zeit ... mitten unter uns, ob wir geputzt haben ... oder nicht.

Gott sei es gedankt: Weihnachten wird es an den Krankenbetten unserer Krankenhäuser und in den Sterbezimmern ... Weihnachten wird es mitten im Streit der unversöhnlichen Ehepaare und in die stumme und verzweifelte Klage der Kinder hinein, wo die Tränen still nach innen fließen ... Die Jubelnden und Fröhlichen ereilt Weihnachten ebenso, wie die ohnmächtig Wartenden ... Weihnachten wird es über dem unüberhörbaren Schrei menschlichen Elends dieser Welt, und auch über dem wollüstigen Prassen mit russischem Kaviar und Champagner ... Weihnachten geschieht einfach. – Das haben wir mit den

Menschen von damals gemein … Auch damals kam Weihnachten einfach über sie; mitten in ihr Leben, quer zu ihren Plänen…

Das eigentliche Geheimnis von Weihnachten ist der Glaube … Der Glaube, der in dem Kind den Sohn Gottes entdeckt … Der Glaube, der sich nicht damit abfindet, dass alles immer beim Alten bleibt und die Starken, Mächtigen und Reichen den Taktstock des Lebens schwingen … Der Glaube, der in aller Hoffnungslosigkeit an Gott festhält … Der Glaube, der im Tod das aufkeimende Leben entdeckt und vorweg lebt … Der Glaube, der mit Gott rechnet.

„Und groß ist, wie jedermann bekennen muss, das Geheimnis des Glaubens: Er ist offenbart im Fleisch.“ – Wir feiern an Weihnachten, dass Gott Mensch wurde. – Gott hat sich in Jesus von Nazareth selbst offenbart. – In der Bibel begegnen uns der verständliche Wunsch und die Sehnsucht der Menschen, Gott sehen zu können; sich seiner Gegenwart, Nähe und Zugewandtheit versichern zu wollen … Gott entzieht sich diesem Ansinnen … Menschen erfahren die Nähe Gottes und zugleich entzieht Gott sich ihnen wieder … Menschen leben von der Zugewandtheit Gottes, von seiner Fürsorge … seinem Beistand, … und doch bleibt Gott ein unverfügbares Gegenüber, ein Geheimnis.

Unsere Gotteserfahrung ist gedeutete Wirklichkeit aus dem Blick des Glaubenden … Es geht uns so wie Mose und Elia: Nachdem Gott an uns vorübergezogen ist, können wir ihm nachschauen … Können wir dem nachspüren, wie Gott in unser Leben hineingewirkt hat. Wir können nur eine verhüllte Offenbarung Gottes entdecken und erfahren.

„Er ist offenbart im Fleisch.“ – Die göttliche Offenbarung in Jesus geschah in und unter der Verborgenheit im Fleisch … das heißt: Gott wurde so sehr Mensch, dass es rein äußerlich

betrachtet, überhaupt nichts Göttliches in Bethlehem zu sehen gab ... das zieht sich durch die Lebensgeschichte Jesu hindurch; vom Anfang bis zum Ende.

Paulus spannt einen weiten Bogen von Weihnachten bis Ostern: *„Und groß ist, wie jedermann bekennen muss, das Geheimnis des Glaubens: Er ist offenbart im Fleisch, gerechtfertigt im Geist, erschienen den Engeln, gepredigt den Heiden, geglaubt in der Welt, aufgenommen in die Herrlichkeit."*

Gott ist in Jesus erfahrbar geworden, weil er uns durch den Glauben an Jesus ein Leben bei sich geben will, das nicht mehr vergeht ... Wir dürfen uns in unserem Leben und in unserem Sterben geborgen wissen in der Liebe Gottes. –

Trotzdem kann es sein, dass tiefe Schatten auf unser Leben fallen ... Auch am heutigen Heiligen Abend gibt es Menschen, die schwer krank sind ... Andere sind einsam und denken traurig an die Zeit zurück, als sie zusammen mit anderen Weihnachten feierten ... - Trotzdem dürfen sie sich darauf verlassen, dass Gott sie liebt, denn er ist auch für sie in dem Jesuskind Mensch geworden. – Damit wird nicht alles einfach gut. – Schwere Krankheit und große Einsamkeit bleiben schwierige Situationen, die wir nicht schönreden können und dürfen ... Aber im Glauben an Christus werden wir sie, - wenn vielleicht auch unter Tränen -, aushalten können, weil wir uns in der Liebe Gottes geborgen wissen. – Ich wünsche euch und Ihnen, dass ihr das nicht nur am Heiligen Abend und an Weihnachten erfahren könnt. – Amen.

18. GETRAGEN

25. Dezember 2022 – Micha 5, 1-4

Frohe Weihnachten.

In Hessen bin ich gern, lebe die meiste Zeit meines Lebens hier … doch manchmal träume ich mich nach Norddeutschland zurück, wo ich aufgewachsen bin.

Ein Bild „Am Leuchtturm" von Quint Buchholz (QR-Code) habe ich vor Augen:

Michel schaut aufs Meer … Er ist klein genug, um auf Mutters Schultern zu dürfen … und groß genug, um der kalten Brise seine eigenen Gedanken entgegenzuhalten … Mutters warme Hände halten seine Fußgelenke fest, mit dem rechten Unterarm stützt er sich auf ihrem Kopf ab.

Kind, von der Mutter getragen … Zwei Menschen, die in die Ferne schauen … zwei Menschen, die den Blick in die Zukunft richten … weit über das Wasser, hin zum Horizont, der Zukunft verspricht.

Und wo die Dinge klein sind … Die Schiffe, die die Kontinente verbinden … Die Inseln, die die Wellen brechen und ihnen die Kraft nehmen, bevor sie das Land zerstören mit ihrer Macht.

Überhaupt, die Macht des Meeres, aus dem das Leben kommt und das so viele Tote birgt … und dann ist da das Land auf der anderen Seite des Meeres … nur zu erahnen … wenn überhaupt zu sehen, nur, weil Du weißt, dass es da ist…

Bethlehem – Stadt ohne Brot

Kind, von der Mutter getragen … Nicht an der Grenze von Land und Wasser … Mitten im Land … das „Heilige Land", sagen sie ... Einem Land ohne Frieden ... Einem Land mit machthungrigem König, der Kinder ermorden lässt.

Kind und Mutter ... Jesus und Maria ... Zwei Menschen, die nur auf den nächsten Schritt schauen: Auf die Felder. Auf Stoppeln und zertretene Halme ... Auf die Häuser, in denen immer die Anderen ein Zuhause haben: Hell und warm und geborgen ... Das Leben der Anderen ist das gute Leben ... Sie schauen auf beschlagene Fenster und verschlossene Türen ... Auf einen blutverschmierten Säugling im Stroh ... weit über die Ebene in der schlaflosen Nacht, hin zum Horizont, den wir Zukunft nennen ... und wo die Dinge klein sind.

Menschen backen Brot ... sitzen um einen Tisch ... Das Kind wächst heran, lernt zählen, schreiben und Holz zu bearbeiten ... nur zu erahnen ... wenn überhaupt zu sehen, dann nur, wenn Du die Augen ganz weit öffnest, genau hinschaust, eine Weile bei dem bleibst, was es zu erkennen gilt.

Was Du siehst, nur weil Du weißt, dass es da ist ... Die Sterne am Himmel, die nur für Dich Bedeutung haben, und die Stimmen von Engeln, die flüstern: *„Fürchte Dich nicht".*

Die eigene Geschichte liegt in den Wehen

In solchen Momenten fängt die Geschichte an ... In solchen Momenten verstehst Du Dein Leben: - Eine Frau liegt in den Wehen und sehnt sich danach, endlich ihr Kind in den Armen zu halten.

Du weißt nicht wann, ... aber es geschieht. – So ist das mit dem Frieden. So ist das mit dem Reich Gottes ... So ist das mit dem Retter, nach dem sich so viele sehnen.

Die Geschichte beginnt nicht dort, wo tagsüber alle alles richtig machen wollen ... Die Geschichte beginnt in den Schmerzen der Nacht. Bei denen, die nach Hause wollen ... Die in der

Zugluft sitzen ... Die unter Herrschern leiden, die ihrem Volk fremd geworden sind.

Ihnen legt Gott einen Säugling in die Mitte ... so schutzlos, so ohnmächtig. – Dieses Kind wird auch irgendwie groß werden ... und lernt das Werk der Hände, das Anderen Lebensunterhalt und Lebenskunst ist ... und die Worte, die Anderen wichtig sind...

Worte wie diese aus dem Buch Micha:

„Und du, Bethlehem Efrata, die du klein bist unter den Städten in Juda, aus dir soll mir der kommen, der in Israel Herr sei, dessen Ausgang von Anfang und von Ewigkeit her gewesen ist. Indes lässt er sie plagen bis auf die Zeit, dass die, welche gebären soll, geboren hat. Da wird dann der Rest seiner Brüder wiederkommen zu den Söhnen Israel. Er aber wird auftreten und weiden in der Kraft des HERRN und in der Macht des Namens des HERRN, seines Gottes. Und sie werden sicher wohnen; denn er wird zur selben Zeit herrlich werden, so weit die Welt ist. Und er wird der Friede sein.“ (Micha 5,1-4)

Prophetisch: Von Gott auf die Schulter genommen.

Micha schaut in die Ferne ... Er ist Mensch genug, um auf Gottes Schultern zu dürfen ... Die Fußgelenke von warmen Händen festgehalten, mit dem rechten Unterarm stützt er sich ab. Er ist einer, den Gott in seine Richtung schauen lässt.

Von Gott gehalten wird der Blick gelenkt, auf das, was seine Geschichte mit den Menschen wichtigmacht ... Eine Frau vor verschlossenen Türen in Wehen ... Hirten auf dem Feld ... Ein Herrscher, der sagt: *„Ich bin der gute Hirte.“* ... *„Und ein sicheres Dach über dem Kopf für alle.“* ... der darauf schaut, was zum Himmel schreit ... und was den Frieden ansagt.

Zukünftig wird abgerüstet ... Das Kleine ist bedeutend, nicht das Mehr-und-Mehr.

Nicht, weil es per se gut wäre, sondern weil es beschützt und hilft, tröstet und heilt.

Wo wir umgetrieben sind von Enttäuschung und Schmerz, von unverständlich großer Freude und Mut – da ist Gott ... völlig ausgeliefert, gleich einem Mann, der ans Kreuz geschlagen ist ... vielleicht blutverschmiert, wie ein Säugling, der das erste Mal ins Licht schaut. – Da steht Gott an der Hobelbank neben uns, um den Dingen den rechten Schliff zu geben. So, wie es sich für einen Zimmermann gebührt ... Er geht hier und da umher und erzählt vom Reich der Himmelsherrschaft ... Er tut unerwartet Unglaubliches und redet in Bildern...

Schau über die Weite Deines Lebens ... So viele Geschichten, auf deren Schultern du ruhst ... Geschichten aus Bethlehem ... Geschichten voller Zugluft ... Geschichten unterm Weihnachtsbaum...

Du bist gehalten von warmen Händen an den Fußgelenken. Getragen, um gemeinsam zu schauen ... Den Blick in die Zukunft zu richten.

Weit hinaus, hin zum Horizont, den wir Zukunft nennen ... wo die Dinge klein sind ... nur zu erahnen, wenn Du die Augen ganz weit öffnest, genau hinschaust, eine Weile bei dem bleibst, was es zu erkennen gilt ... Was Du siehst, weil du weißt, dass es da ist...

Gott sieht ... Gott hört ... Jetzt ... und er wird es wieder tun. *„und er wird der Friede sein"*. – Amen.

8. Januar 2023 – Matthäus 4, 12-17

Was für ein Trubel war da in Bethlehem … und das auch noch kurz nach der Geburt. – Eindrücklich, diese drei reichgekleideten Männer, sie kamen und brachten wertvolle, aber doch seltsame Geschenke … Maria hatte gar nicht gewusst, was sie ihnen anbieten sollte … Die Drei hatten von einem Stern gesprochen, dem sie gefolgt waren … einem großen leuchtenden Stern.

Maria musste damals lächeln … Ihr Stern lag in ihrem Arm: Ihr Sohn, ihr Augenstern.

Das alles war schon lange her … Jesus war ein guter Junge … Eigentlich hatten Josef und sie gehofft, dass er den elterlichen Betrieb übernehmen würde. Dann wäre er Zimmermann geworden, hier in Nazareth … oder irgendwo in der Nähe…

Aber nein, eines Tages brach er auf … Er musste ja in das ach so schöne und feine Südreich mit der Hauptstadt Jerusalem … Maria hörte, dass er sich einem gewissen Johannes angeschlossen hatte. Der hatte ihn angeblich im Jordan untergetaucht und dann lief Jesus ihm hinterher … sie hatte noch gehört, dass dieser Johannes nun verhaftet worden war: wegen aufrührerischem Verhalten … darauf stand die Todesstrafe.

Auf einmal stand er heute Morgen wieder vor ihr: Ihr Sohn, ihr Augenstern.

„Ich hole nur meine Sachen", sagte er … und schon war er wieder weg … Maria könnte heulen.

„Als Jesus hörte, dass Johannes im Gefängnis war, zog er sich nach Galiläa zurück, verließ Nazareth und ging nach Kapernaum, das nah am See liegt, im Gebiet von Sebulon und

*Naphtali. Dort wohnte er, und so ging das Wort in Erfüllung,
das der Prophet Jesaja gesagt hat:*

> *Land Sebulon und Land Naphtali*
> *am Meerweg, jenseits des Jordans,*
> *Galiläa, Land der Heiden:*
> *das Volk, in der Finsternis wohnend,*
> *erkannte das Licht.*
> *Groß ging es auf.*
> *Im Schattenland*
> *des Todes*
> *leuchtete es.*

*Von dieser Zeit an begann Jesus zu predigen und die Bot-
schaft zu verkünden: „Ändert euch! Tut Buße! Das Reich Gottes
ist nah, und nah seine Herrschaft!"* (Mt 4,12-17, Walter Jens)

Jesus ist noch jung ... und er fängt gerade erst an, wie jeder
junge Mensch.

Die erste Rebellion gegen die Eltern: Was ich beruflich ma-
che ... keine Ahnung. – bestimmt nicht, was ihr macht ... und
ich bleibe bestimmt nicht in Nazareth, in Hertingshausen, in Seligenstadt, in Cölbe oder einem Ort in der Nähe.

„Im Osten geht die Sonne auf, im Süden nimmt sie ihren
Lauf, im Westen wird sie untergehen, im Norden ist sie nie zu
sehen" ... Alle Welt, alle Himmelsrichtungen stehen ihm offen,
und er geht ausgerechnet nach Norden ... Warum nur? –

Sebulon, Naphtali: Zwei Söhne Israels. Zwei von Zwölfen ...
sie bekamen ihr Land im Norden.

Schön gelegen, zwischen Mittelmeer und See Genezareth,
ein wenig im Gebirge.

Leider wohnten da schon Leute ... Ärger, Streit, immer wieder.

Wer war hier zuhause und wer waren die Ausländer? –

Und dann kam der Krieg ... Kaum eine Gegend wurde so sehr gebeutelt wie Sebulon und Naphtali ... unter fremder Besatzung ... Rebellen gegen Regierungstruppen ... Viele wurden vertrieben, andere flohen ... Frauen wurden vergewaltigt, Männer ermordet ... Das war nun schon lange her ... doch der Ruf blieb ... Irgendwie waren diese Gebiete die ungeliebten Stiefkinder Gottes ... Der Norden, das friedlose, dunkle Land.

Jesus überschreitet die Grenze ... Er geht in die Finsternis, in den Norden, und macht's hell ... bewusst oder unbewusst erfüllt er dabei die Prophezeiung Jesajas.

Er hält seine erste Predigt: *„Tut Buße, denn das Himmelreich ist nahe herbeigekommen.“*

Es sind dieselben Worte wie bei Johannes ... aber Jesus muss seinen Weg erst finden ... seine Botschaft erst entdecken ... die Worte in seine Zeit ziehen, ... sie übertragen, ... in der Gegenwart lebendig werden lassen.

Das gilt auch für die alten Worte, die Jesaja vor 2700 Jahren ausgesprochen hat. Heute könnten wir sie, - für uns -, so übersetzen:

Du Land von 80 Millionen Menschen,
Immer noch aufgesplittet
in so viele Gruppen,
sozial und kulturell,
ethnisch und politisch...
Ausgeliefert dem grenzenlosen Markt.
Viele wieder verarmt an Leib und Seele,
wenige reich und trotzdem Seelenkrüppel -
Menschen,
an den Rand gedrängt und
mitten in der Masse vereinsamend,
werden ein großes Licht sehen...

Das gilt auch für die Zeiten, die manchen gottlos erscheinen ... Wir zehren von den Visionen des Friedens, können vom Vorsprung des Glaubens leben ... Das bedeutet auch einen Auftrag.

„Geht hin zu allen Völkern. Tauft sie und erzählt ihnen alles, was ich euch beigebracht habe." – Das Licht, das er in den Norden gebracht hat, sollen die Jünger weitertragen in alle Welt...

Mitten in der Kathedrale von Canterbury ist auf dem Boden ein Stern zu sehen, nicht weit vom Taufbecken entfernt ... eine Kompassrose, deren Strahlen in alle Himmelsrichtungen zeigen ... Mit der Taufe fängt es an...

„Geht in alle Welt" ... verlasst euer selbstgemauertes Kämmerlein ... oder schaut zumindest über den Tellerrand.

Schaut nach Sebulon, nach Naphtali ... nach Kiew und Charkiw, wo es durch den Krieg dunkel ist.

Ihr müsst nicht persönlich dahin, aber vergesst die dunklen Orte nicht.

Haltet die Hoffnung wach auf den Frieden.

Erzählt von dem Licht...

Wir Christen sollen und dürfen von der Hoffnung erzählen ... erzählt, was euch in dunklen Tagen trägt ... Er ist der Stern, wir sind die Strahlen ... von ihm bekommen wir Licht und Kraft. – Amen.

Gedanken auf den 2. Blick: Spaziergänge und Betrachtungen, Band 1, 2023-2024

ISBN: 978-3758330070

Bei Spaziergängen in und um Seligenstadt sind die Fotos entstanden. Besondere Eindrücke sind eingefangen, das reizvolle Spiel von Licht und Schatten sowie Natur, die unserer Ordnung widersteht: Pflanzen, die sich einen Weg aus Mauern ins Licht bahnen ... und Angefochtenes, das zeigt, wie Pflanzen oder auch Menschen gebeugt, aber nicht gebrochen werden ... Leben in und trotz Widrigkeiten.

Mut-Gedanken für jeden Tag 1-2024: Telefonandachten aus dem Jahr 2021, Band 1

ISBN: 978-3759766601

Kurze Andachten, die Mut machen, andere Perspektiven öffnen.

Mut-Gedanken für jeden Tag 2-2024: Telefonandachten aus dem Jahr 2021, Band 2

ISBN: 978-3759768759

Der Gedanke, dass diese Aussage 365-mal in der Bibel steht, für jeden Tag des Jahres einmal, gefällt mir. Der Philosoph Janosch, ein Kinderbuchautor, sagt: Mut müsst ihr haben, ganz viel Mut. (Hasenkinder sind nicht dumm). Das macht das Leben leichter.

Mut-Gedanken für jeden Tag 3-2024: Telefonandachten aus dem Jahr 2021, Band 3

ISBN: 978-375978791

Wir dürfen mehr sehen und entdecken, als die Wirklichkeit auf den ersten Blick preisgibt. Mehrdeutig im guten Sinn ist das, was wir Realität nennen ... Sie braucht ihre Deuter, Dichter und Denker. Damit ihr Mehrwert nicht verloren geht. So ist es auch mit dem Glauben ... Er braucht das Denken, Deuten und Dichten der Worte der Bibel. Damit er an dem Mehrwert der Wirklichkeit nicht vorbeigeht. Das kann uns Mut geben, mit Widersprüchen zu leben.